制度逻辑、权力结构与混改企业董事行动研究

张红芳 李 瑞 杨小露 著

中国财经出版传媒集团

经济科学出版社
Economic Science Press

·北京·

图书在版编目（CIP）数据

制度逻辑、权力结构与混改企业董事行动研究 / 张
红芳，李瑞，杨小露著 . -- 北京：经济科学出版社，
2025. 6. -- ISBN 978 - 7 - 5218 - 6713 - 8

Ⅰ. F279. 241

中国国家版本馆 CIP 数据核字第 202541C89J 号

责任编辑：吴　敏
责任校对：孙　晨
责任印制：张佳裕

制度逻辑、权力结构与混改企业董事行动研究

张红芳　李　瑞　杨小露　著

经济科学出版社出版、发行　新华书店经销

社址：北京市海淀区阜成路甲 28 号　邮编：100142

总编部电话：010 - 88191217　发行部电话：010 - 88191522

网址：www. esp. com. cn

电子邮箱：esp@ esp. com. cn

天猫网店：经济科学出版社旗舰店

网址：http: //jjkxcbs. tmall. com

北京季蜂印刷有限公司印装

710 × 1000　16 开　12. 5 印张　170000 字

2025 年 6 月第 1 版　2025 年 6 月第 1 次印刷

ISBN 978 - 7 - 5218 - 6713 - 8　定价：52. 00 元

（图书出现印装问题，本社负责调换。电话：010 - 88191545）

（版权所有　侵权必究　打击盗版　举报热线：010 - 88191661

QQ：2242791300　营销中心电话：010 - 88191537

电子邮箱：dbts@ esp. com. cn）

党的十八届三中全会通过的《中共中央关于全面深化改革若干重大问题的决定》明确提出，要积极发展混合所有制经济，允许国有资本、集体资本、非公有资本等交叉持股。2016 年中央经济工作会议也指出，混合所有制改革是国企改革的重要突破口。党的十九大报告进一步指出，要深化国有企业改革，发展混合所有制经济，培育具有全球竞争力的世界一流企业。2022年，党的二十大报告再次强调，要深化国企改革，推动国有企业做强做优做大，提升企业核心竞争力。可见，在新时代背景下，国有企业混合所有制改革已成为国有资本管理体制深化改革的重要举措，是实现经济社会高质量、可持续发展的必要保障。

国有资本和非国有资本具有不同的目标设定、利益诉求和行为模式，混合所有制改革的核心就在于协调处理好不同所有制主体之间的利益关系。围绕着协调不同所有制主体的利益，混合所有制改革的理论研究和实践探索主要聚焦于国有资本监管模式的完善以及混改企业公司治理机制的优化。而关于治理机制的优化，关注点主要在于国有资本和非国有资本的最佳股权比例以及双方董事会席位的多少，鲜有从混改企业国有和民营双方董事认知与行动视角开展研究。而董事会作为现代企业公司治理的核心，董事行为无疑是影响现代公司决策经营的关键力量。那么，对于混合所有制改革而言，混改企业董事的认知、行为方式以及作用发挥，显然决定着国有企业混改目标的达成。基于上述背景，张红芳等三位作者撰写的《制度逻辑、权力结构与混改企业董事行动研究》一书就混合所有制改革、公司治理机制优化以及混改企业的董事行为等问题展开研究，有着重要的理论价值和实践意义。

混合所有制企业董事是一个非常特殊的群体，既承载不同所有制资本的意志，是不同所有制资本争夺企业控制权、表达话语权的代言人，同时也身系混改企业决策经营的成败，是决定混改企业决策机制优化的关键人物。因此，混改企业董事身份的流动性和角色的多样性是一个非常重要的话题，它决定着董事的认知和行动，进而决定了混改企业的改革成败。身份流动性是社会学研究和组织行为研究中一个非常重要的概念，即身份并非固定不变或始终如一的。当群体间交融混合时，个体之间则进行频繁的交流并相互适应。影响身份建构的力量是不稳定的，因此身份总是处于流变中并随情境改变而改变。《制度逻辑、权力结构与混改企业董事行动研究》一书正是将身份流动性这一社会学概念与国有企业混合所有制改革相结合，立足于混改企业董事的身份流转、建构及其行动方式，并以此作为解释混合所有制改革成效的切入点。这一研究视角非常独特。

总体来看，这部专著主要有以下三个特点：

第一，采用多案例研究方法，系统探讨了国有企业混合所有制改革的情境、行动以及成效。作者深入调研了一家大型国有集团旗下的八家下属混合所有制企业，搜集和梳理了其混改实践的制度背景、控制权配置以及董事认知、行为过程等方面的一手资料，并采取程序化扎根理论对相关数据事实进行编码和处理。这八家案例企业所处的行业、规模、股权结构、治理机制互不相同、各有特色。通过对这八家企业的系统性调查、分析和比较研究，生动翔实地呈现出了不同类型的混合所有制改革实践的全貌，有助于读者深刻认识混改实践的多样性和差异性。尤其是，该研究采集了混改企业中董事个人认知及其行为方式的第一手数据，这对于认识混合所有制企业中董事会的作用发挥、国有和民营合作的阻力与症结所在，都是非常有益的。

第二，从混改企业董事行为角度入手，对于在新时代背景下，重新认识和关注企业家精神有着非常重要的理论和实践意义。以往关于混合所有制改革的研究或者是从宏观改革路径和模式入手，或者关注混改企业公司治理中的股权结构、董事会席位、董事会议题设置等显性制度安排，鲜有从董事个人认知及其行动视角的研究。尽管制度安排对于组织的影响是显而易见的，但是人的主体性力量在组织发展中亦发挥着非常重要的作用。该著作从主体能动性视角研究董事行为，提出董事行为不仅受制度情境、权力结构的约束和影响，而且董事能够通过个人的努力和行动使混改企业所处的制度环境、权力结构朝着有利于企业发展的方向变迁。这一研究结论与强调最优制度安排的观点有所不同，强调了国有"委派"董事与非国有"委派"董事间的合作行动对于混改成效的关键作用，充分肯定了董事这一特殊群体的主体性力量在混合所有制改革中的价值和意义。这对于在当前时代背景下如何重新认识企业家精神、企业家创业创新精神在国有企业改革和发展中所发挥的核心作用有着非常重要的理论和实践意义。基于这一观点，就能够很好地解释诸如中国建材、中国医药、云南白药这样的大型央企和国企混合所有制改革的成功。其成功不仅在于这些企业成功推行和适用了国家有关混合所有制改革的各项政策及相关制度，更重要的是源于混合所有制改革过程中涌现出的优秀企业家个人和团队的努力及其行动智慧。

第三，采取"结构—行动"研究范式，将微观的身份流动性理论与相对宏观的制度安排理论结合起来，解释外部结构情境对董事个体认知和行为的约束以及董事个体行动对于结构情境的反馈性影响，这种研究范式对于探讨微观个体行动与外部情境的互动具有很好的借鉴价值。"结构—行动"范式是对传统的结构与行动二元对立的整合和超越，认为行动是一个动态的过程，不仅受到意图、理由、动机等心理层面的意识因素的主导，而且受个人所不能控制的结构性因素影响，它们构成了行动者下一步行动的基础。以往对董事行动的研究更强调董事席位多寡、董事提案、董事表决等显性制度安排，而忽略了混合所有制企业中董事的身份表达和身份流转这一微观性主题。该著作突破了以往对董事行为研究的制度主义视角，认为制度不仅体现在董事会的各项制度安排上，而且制度作为一种情境，还会决定董事的身份意识，而董事的身份意识又决定了董事的行动，从而作用于董事会乃至混改企业的制度安排。这一研究通过引入微观身份流动性理论，能够更为深入并清晰地解构董事的动机、认知、行为过程等行动逻辑，这对于研究混合所有制改革实践中"人"的因素及其作用机理有着非常重要的实践意义。这种将微观主体与宏观情境相结合的研究范式也可以应用在公司治理、战略人力资源管理、数字化转型等领域，通过研究个体行动与宏观情境的互动，可能会有一些新的研究成果。

总之，这是一部学术价值与可读性兼备的著作，不仅适合研究混合所有制改革、公司治理、组织行为和人力资源管理等研究领域的学者和学生进行学习参考，也适用于混改企业的董事、监事和高管在企业发展和改革实践领域对照问题进行自我分析和研判，以促进混合所有制健康稳定发展。

南京大学人文社科资深教授、商学院名誉院长、

行知书院院长、博士生导师

赵曙明　博士

2024 年 8 月 30 日

于美国加州克莱蒙特研究生大学德鲁克管理学院

　　北元化工是《制度逻辑、权力结构与混改企业董事行动研究》一书中所选择的案例样本企业之一。北元化工经过参与国有企业混合所有制改革，脱胎换骨，从一个名不见经传的地方小规模氯碱企业发展成为集采盐、发电、聚氯乙烯、水泥建材为一体的大型盐化工企业，走出了一条独具特色的"文化北元、人才北元、创新北元"之路，开创了区域混合所有制经济新模式，被陕西省委省政府称为"北元模式"。

　　2003 年，为了积极响应陕西省委省政府提出的"三个转化"号召，神木当地五家民营企业共同出资 7000 万元组建了北元化工有限公司，顺利进入煤炭、电石下游深加工的聚氯乙烯行业，开始 10 万吨/年聚氯乙烯项目建设。2007 年，面对残酷的市场竞争和产业政策调整，北元化工急需扩大产能、升级换代，在联合做大做强目标的引领下，先后吸纳了陕西榆林当地七位民营企业家成为公司新股东，并积极与陕西省大型国有企业陕煤化集团合作。2007 年 12 月，陕煤化集团以增资扩股的方式重组北元集团，公司股东增加为 11 方，股本金增加到 16.8 亿元。其中，陕煤化集团占股 40.48%，其他民营股东合计占股 59.52%。这种大型国有企业与地方民营企业联合体的合作，促成了 100 万吨/年聚氯乙烯循环综合利用项目的顺利开工和生产经营，开创了区域混合所有制经济新模式，被陕西省委省政府称为"北元模式"。2015 年，国有股东和民营股东同比例增资，股本金增加到 31.5 亿元，进一步优化了股权结构，形成了国有、民营、自然人等多方合作的体制，使混合所有制结构更加完善，提高了公司资信度和竞争力。2017 年 6 月，围绕国企改革"双百行动"，公司出台了 17 项综合改革计划，并开展员工持股改革，形成了大型国有企业相对控股、民营企业集体参股、管理和技术骨干持股的"1 + 13 + 1"股权结构，持股人员与企业共享改革发展成果，共担市场风险，成为利益共同体。2020 年 10 月，公司在上海证券交易所正式挂牌上市。

经过几次股权变革，北元化工清楚地认识到合理的股权比例设置能够实现有效制衡，符合企业利益、集体利益；能够调动各参股方表达意见，为企业发展建言献策，最终形成的决策才更有代表性；能够有效保障企业各利益相关方意见的收集和尊重，确保企业决策的科学性。在与陕煤化集团合作之初，北元化工就特别注重就股权结构进行探讨，最终确定了陕煤化集团相对控股的股比结构。这一结构为推动北元化工快速发展奠定了重要基础，也为"北元模式"成长为混合所有制发展的典范提供了前提。北元化工在股权结构的优化过程中，依势而为，因势利导，长期保持企业发展的内在活力。一是借神木当地资源之势，成功地利用当地资源优势和国家建设陕北能源化工基地的政策优势，瞄准能源的深加工产业，延长产业链，为日后的长远发展奠定了基础。二是走民营企业的联合发展之路，成功地完成了企业的快速扩张，实现了企业的规模化发展，为日后实现跨越式发展埋下了伏笔。三是借国有企业之势，解决了民营企业贷款难、市场准入壁垒高等难题，成功利用 10 亿资金撬动了近百亿资本，一举解决了企业发展中最棘手的融资难题，同时促成了企业向现代化集团的蜕变。四是借上市之势，进一步拓展和深化了"北元模式"的内涵，既有利于混合所有制体制的持续、健康发展，也有利于参股各方依法维护自身的权益。

完善法人治理结构，依法依规运行，也是"北元模式"得以成功的保障。完善的法人治理结构能够有效保护出资方的利益，有效降低或控制经营管理中存在的风险，降低企业监督管理中的成本，同时还有利于保证权利的公平决策，使监督与管理之间形成良好的相互监督、相互制约关系。同时，北元化工也意识到现代企业管理制度下的企业应该取长补短、合作共赢、相融相生。一是将《公司法》和《公司章程》作为企业各项工作开展的基础。凡是符合两者规定和要求的就是正确的，必须坚决执行；凡是与其有悖的，就坚决杜绝，这为北元化工的良性运作奠定了基础。《公司章程》在《公司法》的基础上，通过平等协商，对股东的权责义务、各组织机构职责、会计制度、股权架构等进行了细化和明确，对企业经营工作的开展起到根本性的指导作用。二是北元化工坚持依法推进现代企业制度的建立和完善，把改革和发展紧密结合起来，把企业文化建设、依法治企结合起来，有效地解决了改革中出现的问题和矛盾，推动了企业改革的逐步深入。北元化工既成立了股东会、董事会和监事会为代表的"新三会"，又设立了党委会、职代会、工会为代表的"老三会"，各组织间权责分明，依法依规行事，各司其职，协同运作。在完善现代企业法人治理结构和适应混合所有制性质的组织机构的同时，北元化工还进一步加强了党委的政治核心作用，充分发挥职代会和工会的民主管理与监督作用。三是在积极建立和完善现代企业制度的过程中，北元化工积极推行与之相适应的干部聘用制度、劳动用工制度和工资分配制度等一系列重大改革措施。四是北元化工坚持以《劳动法》《工会法》等相关法律、法规、条例为依据，以观念更新为先导，以企业改革的成果为基础，以深入细致的思想工作为主要手段，充分发挥职代会和工会的桥梁和纽带作用，使各项改革得以平稳推进，改革中出现的新问题也在法律范畴内得到调整和解决。五是在企业运行过程中，以利于实现最大的综合效益为契约，以市场为导向，并按市场经济规律运作，积极构建符合时代潮流和发展要求的共赢模式。在体制创新基础上，一方面，吸纳混合所有制所带来的各项优势；另一方面，在企业管理上兼顾股东、客户、员工不同责任主体，从产业调整优化、企业管理、企业文化建设等方面打造规范、合乎市场需求的各项标准，使企业管理的科学性大大增强。

在依法依规运行的基础上，混合所有制企业难免会遇到一些难点和问题。要解决这些问题，首先找法律法规，然后再权衡；对于确有特殊性的，为了切实保障企业运行和决策效率，必须就此类问题进行积极的沟通协商，不简单行事、意气用事、主观处事。沟通中坚持个人利益服从组织利益，短期利益服从长期利益，少数利益服从多数利益。无论股权大小，同股同权，真诚相待。参股各方顾全大局，有所取，有所舍，能从根本上解决问题，相融相生。

随着企业的不断发展壮大，"北元模式"的内容不断丰富和完善，"北元模式"的内涵也在不断深化、延展。所谓"北元模式"，就是在混合所有制经济下，将国有企业和民营企业的管理制度相结合，既融合了国有企业的管理、资源、政策、规范化和技术力量配备等方面的优势，又发挥了民营企业的敏锐性、灵活性，以及在效率、执行力、内部监督方面的优势。所以说，"北元模式"的优势不仅仅是互补，更重要的是弥补短板、系统优化。

张红芳等三位作者撰写的《制度逻辑、权力结构与混改企业董事行动研究》一书研究了八家混合所有制企业。这八家企业所处行业、规模大小、股权结构、治理机制完全不同，但是通过合作与沟通都实现了国有与民营双方的优势互补，实现了企业的良性发展，这正是混合所有制改革的初衷和目的。正是在这个意义上，这本著作非常值得混合所有制企业的董监事和高管在改革实践中参考阅读，以促进企业改革的顺利展开。

陕西北元化工集团股份有限公司创始人、董事

王凤君

2024 年 8 月 30 日于西安

在当代中国经济转型图景中，混合所有制改革作为国有企业改革的重要突破口，不仅关乎企业效率的提升，更牵动着整个市场经济体系的神经。作为这场改革的核心行动主体，混改企业董事在国有资本与社会资本的碰撞中往往面临着多重身份交织与角色期待冲突的问题。他们既是传统体制的"制度载体"，又是市场改革的"破冰先锋"；既要守护国有资产的政治基因，又要激活民营资本的创新动能。这种独特的双重使命使董事身份建构超越了单纯的职务角色定位，演变为一场关乎改革成败的治理革命。

大约是在2009年，因工作缘故，我第一次近距离接触混合所有制改革企业——陕西省北元化工集团有限公司，这家企业曾被誉为陕西省探索混合所有制改革的实践典范——从而有机会较为深入地观察了混改企业的体制、文化以及行为方式，尤其是国有资本和民营资本之间的博弈与合作。在调研中，我发现北元化工集团有限公司的国有和民营双方股东与董事都特别强调两个方面：一是混改企业所有权和治理结构的特殊性；二是彼此要求对方委派的董事应从原有体制身份向新的混改企业身份转换。这使我意识到，董事会成员的身份与角色定位直接影响着混改的成效。

本书正是基于对这一现实问题的深入思考，试图从社会学的身份理论与组织行为学的视角，探讨混改企业董事的身份建构过程及其角色行动逻辑。通过深入的实证研究，本书揭示了混改企业董事在面对多重身份时的认知框架、角色取舍与行为策略，为理解混改企业治理的微观基础提供了新的视角。

    本书的写作始于 2022 年之初。在历时三载的追踪研究中，我们建立了包含八家混改试点企业的动态数据库，并通过董事会决议文本分析、董事访谈日志解码、治理场景参与式观察等方法，捕捉到转型期董事角色演进的三个关键维度：在制度逻辑层面，董事们的角色在"政治代理人"与"市场守门人"之间游走，其身份认知呈现出明显的"双轨制"特征；在权力结构层面，国有董事与民营董事的博弈已从股权比例之争转向治理能力比拼，形成"资本话语权"与"专业话语权"的新型竞合关系；在行为策略层面，那些成功突破"混而不改"困局的董事也在实践中不断调适和重塑自己的身份和角色认知，形成独特的行动逻辑，往往通过"制度套利创新"构建起独特的缓冲机制。他们既是聪慧的制度解读者，又是果敢的改革践行者。这些鲜活的混改企业治理创新实践印证了混改企业董事身份建构和角色转型的实践智慧，既体现了制度的约束力，也彰显了个体的能动性。

    本书的理论建构突破传统委托代理理论框架，提出"制度逻辑—权力结构—情境响应"的三维分析模型。在方法论上，我们创造性地将社会学的身份建构与角色理论、政治学的制度变迁理论与管理学的行为决策理论进行跨界融合，形成具有中国情境解释力的"治理身份和角色二重性理论"，特别是对董事"制度性身份"与"建构性身份"的动态转化机制的揭示，为理解混改企业的治理悖论提供了新视角。这些源于实践、归于实践的研究成果既是对现有公司治理理论的重要补充，更是对混改深化攻坚期的现实回应。

    值得注意的是，混改企业董事的身份建构与角色行动并非静态的过程，而是随着改革的深入而不断演进的。新的治理机制、市场环境变化、利益相关方诉求的转变都会影响董事的身份认知与行为选择。因此，本书既关注当下的实践特征，也试图探讨未来可能的发展趋势。本书的研究发现对于完善混改企业治理具有重要的启示意义。首先，需要正视董事多重身份的客观存在，构建更具包容性的治理框架；其次，要充分发挥董事的主观能动性，为其角色创新预留制度空间；最后，应当重视董事群体的专业化建设，提升其在复杂环境中的决策能力。

　　本书的写作得益于对混改企业的长期关注和实地调研。通过对八家企业30多位混改企业董事的深度访谈，以及对典型案例的追踪研究，我们得以近距离观察董事们如何在复杂的制度环境中平衡各方利益，如何在多重身份之间寻找平衡点，以及如何将个人价值理念转化为具体的治理实践。这些一手资料不仅丰富了研究的实证基础，也为相关理论的发展提供了新的素材。在此要特别感谢那些慷慨分享经验与见解的混改企业董事们，他们的真诚使本研究得以完成。

　　在研究过程中，我们深切感受到改革实践者的勇气与智慧。那些在董事会会议室里发生的激烈辩论、在项目现场的艰难抉择，以及在制度突破时的创新智慧构成了中国经济转型最生动的注脚。谨以此书致敬所有混改事业的践行者，你们的探索为中国企业治理现代化留下了宝贵的实践遗产。

　　由于笔者水平所限，书中难免存在疏漏之处，恳请各界读者批评指正。衷心希望本书能为混改企业治理实践提供有益的参考，激发更多学者关注中国制度情境下的治理创新研究，共同书写中国企业改革的时代篇章。

张红芳

2025 年初春于西安

目 录

Contents

第 1 章　导论 …………………………………………………………………… 1

1.1　问题的提出 …………………………………………………………… 1

1.2　理论视角与研究思路 ………………………………………………… 5

1.3　本书的结构安排 ……………………………………………………… 10

1.4　本书的贡献 …………………………………………………………… 15

第 2 章　文献综述与分析框架 ………………………………………………… 17

2.1　混合所有制改革的历史发展 ………………………………………… 17

2.2　制度逻辑与混合所有制改革 ………………………………………… 19

2.3　权力结构与混合所有制改革 ………………………………………… 23

2.4　主体能动性视角与混合所有制改革 ………………………………… 28

2.5　基于结构—行动范式的综合分析框架 ……………………………… 34

第 3 章　研究设计 ……………………………………………………………… 38

3.1　方法选择 ……………………………………………………………… 38

3.2　案例选取 ……………………………………………………………… 39

3.3　数据收集 ……………………………………………………………… 45

3.4　数据分析 ……………………………………………………………… 47

第 4 章　"我是谁"：混改企业董事的身份建构 …………………………… 54

4.1　分析框架以及子案例嵌入结构 ……………………………………… 54

4.2　混改企业董事身份建构的情境 ·························· 58

4.3　国有董事身份建构 ································· 69

4.4　民营董事身份建构策略 ···························· 79

4.5　本章小结 ····································· 88

第5章　"我如何行动"：混改企业董事的角色行动 ············· 91

5.1　分析框架及子案例嵌入结构 ·························· 91

5.2　混改企业的制度逻辑情境 ···························· 93

5.3　国有董事角色行动 ································· 97

5.4　民营董事角色行动 ································ 107

5.5　本章小结 ···································· 118

第6章　董事合作行动与组织秩序 ·················· 122

6.1　分析框架 ···································· 122

6.2　基于身份建构的合作行动逻辑 ······················· 124

6.3　双方角色行为互动与组织秩序 ······················· 140

6.4　权力结构与制度逻辑的动态性 ······················· 148

6.5　本章小结 ···································· 150

第7章　研究结论与讨论 ························ 155

7.1　研究结论 ···································· 155

7.2　理论贡献 ···································· 161

7.3　政策建议 ···································· 163

参考文献 ································· 167
后记 ···································· 181

第1章

导　　论

1.1　问题的提出

　　混合所有制改革是新时代我国国有企业通过引入非国有资本参股、员工持股等多种方式促进国有企业股权多元化，使各自所有制资本发挥优势、共同发展的改革探索和实践。自党的十八大以来，党中央出台了一系列关于混合所有制改革的政策，促进了混合所有制经济的快速发展。党的十八届三中全会明确提出要"积极发展混合所有制经济"，认为"国有资本、集体资本、非公有资本等交叉持股、相互融合的混合所有制经济，是基本经济制度的重要实现形式"，"允许更多国有经济和其他所有制经济发展成为混合所有制经济"。[①]

　　截至目前，中央企业混合所有制企业户数占比超过70%，省级地方监管企业及各级子公司中，混合所有制企业数量占比也超过了50%。混合所有制在我国已经有了长足的发展，为我国经济发展做出了巨大贡献[②]。但是，值得注意的是，无论在实践中还是在理论上，对混合所有制改革所取得的成效都存在完全相反的观点和例证。

---

　　① 参见党的十八届三中全会公报《中共中央关于全面深化改革若干重大问题的决定》。
　　② 资料来源：国务院国资委党委. 国企改革三年行动的经验总结与未来展望 [J]. 人民论坛，2023（3）.

从混合所有制改革实践来看，中国建材、中国医药、云南白药等大型央企都是推行混合所有制改革的成功典范；但也有数量不少的企业在推行混合所有制改革之后，陷入国有和民营的控制权争夺，从而导致企业经营停滞不前，如一些企业引入股权基金引发了持续的控制权纠纷，导致企业发展受损。

从混合所有制改革研究来看，混合所有制改革能够优化公司治理结构，促进企业资源合理配置，提高企业的创新水平与抗风险能力，改善企业的经营效率等（陈颖，2018；李俊秀，2022；陈瑶，2024；李胜楠，2024）。但也有研究表明，混合所有制改革后，企业经营效益并未达到预期水平（段志鹏，2022）。混合所有制改革成效的差异性已经成为一个显而易见的事实。那么，为什么在同样的政策背景下，采取相同的改革路径所形成的混合所有制改革企业（以下简称混改企业），其改革成效和经营效果会如此大相径庭？

对这一问题的探索主要聚焦在混合所有制改革（以下简称混改）的市场—行政制度逻辑、国有—民营间的控制权争夺、国有方—民营方的资源依赖和优势互补，以及混改企业董事行为四个方面。

第一，混合所有制改革过程中，市场与行政两种制度逻辑的兼容和竞争是导致混改成效差异的核心原因。一些研究认为，国有企业通过吸纳非国有资本、增加资本扩股、出资新设等混合所有制改革措施引入市场制度逻辑，使各类资本在企业决策和经营过程中相互制衡，解决了国有企业经营权过度集中这一核心问题，优化国有企业运作机制，为国有企业带来更大的经营灵活性和市场竞争力，显著提高经营效益（戴保民，2017；冯朝军，2017；霍晓萍等，2019）；还有研究认为，混改后的企业依然受行政逻辑主导，即便引入其他所有制资本，但仍存在行政化干预问题，对混改企业依然按照国有独资企业的集权化模式实施管控，企业市场灵活性依然不足（童有好，2014；石颖，2023）。

第二，混合所有制改革过程中，国有方和民营方通过权力博弈所形成的控制权配置方式是导致混改成效差异的重要原因。部分混改企业国有资本转移部分控制权，与民营资本各自持有一定比例的控制权，达到股权监督制衡的目的（沈红波，2019）；部分混改企业中，国有和民营双方在股权结构和董事会席位方面实现了控制权均衡，甚至民营资本掌握多数席位，但国有资本"一刀切"的行政化管控模式使民营方话语权难以得到实质性的保障（石颖，2023；毛宁，2023）；还有部分混改企业股权由国有资本控制，民营股权所占比例极小，从而使民营方在董事会的作用被弱化，失去话语权（逯东，2019）。民营方处于弱势的控制权配置方式是导致混改成效低的关键。只有当民营资本进入后，通过权力分享与博弈机制争夺话语权，实现对国有方的制衡，才是突破行政逻辑、解决行政干预的根本路径（李维安，2022）。

第三，混合所有制改革过程中，国有方与民营方之间能否基于相互依赖，实现优势互补也是导致混改成效差异的一个重要原因。一方面，通过混合所有制改革，民营资本可以发挥其市场敏感度及灵活性优势，国有资本也可以利用其体制和制度优势，从而在多种性质股权之间实现异质性资源的相互补充，提高社会资源的整体配置效率（姚锺凯等，2022；竺李乐，2021；王斌，2023）；另一方面，国有股东要兼顾经济目标和社会目标，而民营股东仅注重经济目标，因此目标分歧导致双方在股权合作中产生争议和冲突，彼此都有制衡对方的强烈动机（Finkelstein，1990；曹瑾，2023）。在双方相互制衡的过程中，民营资本往往成为弱势一方，市场灵活性优势难以发挥，导致混改目标难以达成（许保利，2019）。

第四，混改企业中，董事行为也是导致混改成效差异的一个不可忽视的原因。现代公司的董事会是公司治理的核心（Adams et al.，2007；Baldenius et al.，2014），董事行为成为混改企业研究的焦点之一，其中非国有股东委派董事是影响混合所有制企业创新、竞争力与经营效率的关键因素。非国有董事进入董事会之后，与国有董事的异质性会形成董事会断裂带，迫使董事会形成合议讨论的局面，有利于非国有董事在董事会有效发挥监督、战略决策和资源供给作用（梁上坤，2020；曹晓芳，2022；徐鹏，2023）。非国有董事通过理性投票参与混改企业治理，能够改善投资者保护不足现象，从而有效降低代理成本，缓解信息不对称，提升审计质量，改善混改企业效率，有利于国有资产保值增值（吴秋生等，2023；独正元等，2024）。

上述研究分别从制度逻辑、资源依赖、控制权配置以及董事行为四个角度阐释了造成混改成效差异的深层次原因。但是，这些研究比较分散，相互孤立，相互间的因果关联较为模糊，难以清晰地解释以下三个问题：（1）从制度情境层面看，为什么不同混改企业呈现出不同的制度逻辑？（2）从权力结构层面看，为什么有些混改企业的民营方能够有效获取并利用话语权，而另一些混改企业的民营方的话语权却在不断弱化，甚至民营方逐步放弃话语权？（3）从董事个体行为层面看，是哪些因素和力量驱动非国有董事有效发挥其作用和价值？在民营董事个体采取行动的同时，国有董事是如何行动的？这三个问题在目前的研究中都很难得到解答，可见对于混改成效差异化的系统性讨论依然是缺乏的。

本书认为，可以通过组织制度逻辑—权力关系互动—个体行动焦点的三层次分析逻辑来整合上述四个理论视角的研究。具体来说，首先，混改成效的差异源于有些混改企业难以突破行政主导的制度逻辑困境；其次，要突破行政逻辑困境，就需要通过控制权配置和资源依赖两个路径来提高非国有方的话语权，以凸显民营方的市场灵敏性优势；最后，董事会是公司治理的核心，民营董事个体行为既是体现民营方话语权的载体，也是混改企业引入和体现市场逻辑的主体性力量。显然，董事这一个体行动焦点分析构成了三层次分析逻辑的核心，通过以制度逻辑和权力结构作为情境，聚焦探讨董事个体行为与情境间的双向互动，是系统研究混改成效差异性的关键。

因此，本书采取结构—行动研究范式，融合制度主义、资源依赖以及主体能动性相关理论，以混改企业董事行动的主体能动性为研究焦点，认为制度逻辑与权力关系是混改企业董事行动的结构情境，而混改企业董事的行动又作用于并改变结构情境。结构情境与董事行动的相互作用和相互反馈是解释混改企业差异性的核心。所以，本书的研究问题包括制度逻辑和权力关系两种结构情境如何影响混改企业董事的自我认知及其行动方式，以及混改企业董事的认知和行动又如何作用于结构情境。

1.2 理论视角与研究思路

1.2.1 理论视角

基于以上研究问题，本书将从以下四个理论研究视角进行研究分析。

（1）结构—行动研究范式与主体能动性视角

所谓结构—行动范式，是指以个人行动与社会结构相互建构的结构二重性观点去看待个体与社会关系的研究范式（Giddens，1998；Bourdieu，1977）。在这一范式下，行动是一个动态的过程，不仅受到意图、理由、动机等心理层面的意识因素对个人行为的主导作用，而且受个人所不能控制的结构性因素影响，它们构成了行动者下一步行动的基础。而结构作为不断卷入社会系统再生产的规则和资源，被行动者利用以创造各种社会关系和社会制度；同时，又以"记忆痕迹"的形式存在于人们的头脑中，成为促成人们行动的意识性因素。结构既是行动的结果，又是行动的中介，具有二重性。

在结构—行动范式基础上，主体能动性是一个非常重要的概念，是指作为主体的人表现出来的自觉的活动的属性。主体在认识和改造客观世界的实践中所表现出来的主体特性具体体现为主体在对象性活动中的自觉性、自为性、主动性、目的性、创造性。主体能动性包含两个方面：一是承认人作为社会历史主体的地位，这是能动性发挥的前提；二是主体是物质和精神的统一体，主体的实践活动不仅是主观、精神或思想意识的活动，而且是人类实践活动中表现出来而又作用于人的实践活动。人的主体能动性会随着不同情境结构的变化而变化，是一种嵌入时间流动中的个体社会化能力（Emirbayer

& Mische，1998），不仅涉及过去的经验，更包括当前的困境和未来计划的影响（Pentland & Feldman，2008）。

（2）社会身份理论与角色身份理论

阿克洛夫等（Akerlof et al.，2000）首次提出了身份认同这一概念。身份认同起源于社会学，是指人在社会化过程中对自身角色的定位，往往受到血缘、地缘等客观因素的影响（Proshansky，1983）。认同包含两重含义，一是对"我是谁"的认知，二是对与自己有相同性和一致性的事物的认知。根据已有研究，具有代表性的身份理论有两个，即社会认同理论和身份认同理论。社会认同理论强调身份不能仅从个人因素角度来考虑，要全面理解社会行为（赵志裕，2005），其基本思想是个人会通过社会分类来构建自己的身份。然而，社会结构是复杂的，个人在复杂的社会中会扮演不同的角色，从而形成多个身份，因此个人可以拥有多重身份（Jan，2000），但个人的不同身份的重要性是不同的，某个特定身份的激活取决于身份的突出性（Jan，2000），身份的突出性越高，被激活的可能性就越大。身份的突出性受到身份的可得性与适宜性影响（Jan，2000）。可得性是指，在特定情境下，这一身份更容易被提取；适宜性是指，个体的自我分类与感知到的社会情境相符合。积极的社会身份认同是基于个体所属群体和非所属群体之间的倾斜比较而产生的；如果社会身份令人不满，人们会努力离开当前所属群体并加入更有利的群体，或者会努力使当前所属群体更令人满意（Tajfel & Turner，1979）。因此，社会身份理论适合于研究在不同的情境中个体多重身份的选择与建构问题。

角色身份理论认为，角色是由个体与其所处社会环境的互动而产生的（McCaal & Simmons，1978），是社会对个体所产生的行为期待（Lynch，2007）。当个体承担某个角色时，就必须接受伴随着角色而来的一系列权利和责任（Linton，1936）。在社会中，个体的角色在情境中被唤醒，并且在不同的情境会有不同的角色（陈武林，2023），因此角色不是孤立存在的，任何一个人都不可能只承担一种角色（郑杭生，1994）。由于个体同时扮演不同的角色，而每一个角色都会有特定的角色期望，所以，当这些期望彼此出现矛盾时，或个体由于时间、精力及自身价值倾向制约而不能同时满足外在社会对不同角色的期望时，就必然会造成角色冲突（杨秀玉，2004）。根据角色身份理论，当多重角色之间发生冲突时，个体会扮演情境中最有价值或最需要的角色（宋佳，2022），从而协调自己的多重角色身份。因此，角色身份理论适合于解释个体面对多重角色冲突时的角色行动问题。

（3）资源依赖理论

企业是资源的集合体，资源是企业能够控制且能实施的力量。企业的资源可以分为物质资源、人力资源、组织资源。由于外部环境的不确定性以及一个企业不可能得到自身发展所需的所有资源，因此企业会倾向于追求更多的资源来支持自身的发展，减少外部不确定因素带来的冲击（Steen，2000）。当一个组织自己难以满足所需资源时，就会倾向于从外部获取资源，而这些外部资源的拥有者会对组织产生影响（Pfeffer & Salancik，1978），该组织因此会对拥有其所需资源的组织产生依赖。研究表明，一个组织对另一个组织的依赖程度取决于三个重要因素，即资源对组织的重要程度、组织使用资源的自主能力，以及资源的稀缺性与可替代性（Pfeffer & Salancik，1978）。由于依赖程度不同，产生了组织间权力的不对称（Thompson，1967）。一些处于弱势地位的组织的核心资源也需要从外部获取，因此不得不让出部分自主权，而组织间的依赖关系会影响组织权力的获取，被依赖的一方掌握更多的权力（Emerson，1962），在组织中掌握更多话语权，而话语权会影响组织成员的行为方式。

（4）制度逻辑理论

制度逻辑是指社会普遍认同的、烙印在人们认知框架中的、塑造并影响主体行为和认知的文化和规范（Fridland & Alford，1991）。新制度主义的组织观认为，组织嵌入在动态、多元的制度环境中，并受制度环境的约束，组织行为和个人行动选择离不开组织所处的社会地位及其对自身社会地位的理解，组织不得不采取环境所认可的制度、结构等。组织在特定制度体系下受到多种制度逻辑的多元性影响，为应对多元制度逻辑而呈现出结果的复杂性和差异性（Thornton，2012；Thornton & Ocasio，2008）。也就是说，多重制度逻辑是组织行为多样性的根源。

在制度多元化情境下，行动者面临的众多制度逻辑可能是相互竞争的，也可能是相互兼容的。在多重制度逻辑竞争的情形下，个体和组织在社会情境中选择不同的制度逻辑进行回应是导致个体和组织之间存在差异性的根本原因（Thornton & Ocasio，2008）。多重制度逻辑也可能以相对兼容的方式存在，导致产生新的组织形式。不同逻辑是否重叠，以及组织实践特征和组织成员的特性都会影响制度逻辑的兼容性（Greenwood，2011）。因此，制度逻辑理论及其衍生而来的制度多元性概念，为解释组织合法化行为的差异性以及个体行为提供了一个全新的视角。

1.2.2　研究思路

本书采取结构—行动范式，在研究过程中融合了多重制度逻辑理论、资源依赖与权力理论以及社会身份理论与角色身份理论等多种理论视角，聚焦混改企业董事的主体能动性，以混改企业中市场—竞争双重制度逻辑、国有方与民营方的权力博弈关系作为研究情境，研究结构情境下国有与民营董事各自的认知、行动，以及相互间的行为互动及其行为互动对结构情境的反馈作用。

第一，聚焦混改企业董事认知能动性的形成，即混改企业董事对情境、情境与个体之间的关系所形成的经验性的理性认知和判断，这种已形成的认知和判断作为一种"记忆痕迹"，将作用于董事的认知（Giddens，1998）。混改企业中，国有方与民营方的权力博弈关系是董事认知判断的外部结构性情境。权力博弈关系体现在双方控制权争夺和配置所带来的话语权感知，以及双方不同程度的资源依赖关系所带来的话语权感知。权力是影响个体或群体认知和行为的重要因素（Keltner et al.，2003；Guinote，2007），对于混改企业来说，由资源依赖关系以及控制权配置共同决定的话语权将会在满足国有和民营双方董事的权力需求的基础上激发其身份建构的动机，从而影响国有和民营双方董事的身份认知、定位和行动，进而影响双方的合作行动。在此，将引入社会身份理论，对混合所有制改革中董事的多重社会身份识别进行深入阐释（Tajfel & Turner，2003）。在现有文献基础上，在控制权配置与资源依赖所衍生的权力关系所构成的权力结构情境下，本书探讨国有和民营双方董事所面对的身份困境、由此所形成的身份冲突，以及他们如何通过身份建构而走出身份困境。

第二，聚焦混改企业董事实践能动性的形成，即混改企业董事基于结构情境对个体的规则约束所采取的行动策略。混改企业的市场—行政双重制度逻辑是混改企业董事行动的制度性结构情境。对于混改企业来说，两种制度逻辑作用于不同的载体，施加完全不同的规则和程序压力，混改企业国有和民营双方董事需要同时在遵循两种相互竞争的逻辑下行动。这意味着国有和民营双方董事都面临着不同制度逻辑下的相互冲突的角色期望，对角色冲突的处理和平衡是其所有行动的起点。因此，本书将基于角色身份理论的分析框架，探讨在市场逻辑和行政逻辑存在竞争和冲突的制度情境下，混改企业中国有与民营双方董事如何采取行动以平衡角色冲突。

第三，将混改企业董事认知能动性与实践能动性相结合，遵循认知决定行动、行动影响结构这一逻辑，聚焦企业董事主体能动性对结构情境的反馈影响。首先，基于认知决定行动逻辑，混改企业的国有方和民营方董事基于各自的身份建构和定位展开行动，从而形成了回避型、协商型与妥协型三种不同的合作行动。然后，基于行动影响结构的行动逻辑，在制度逻辑情境中，国有董事和民营董事彼此互动，通过语言和行为不断地表明自己的行动意图、行动方式以及对情况的理解，从而对混改企业的组织秩序产生影响。这种组织秩序会进一步强化或调整混改企业的制度逻辑和权力互动关系。

1.3　本书的结构安排

本书聚焦混合所有制改革背景下国有和民营董事的角色身份建构，根据现有文献，对目前社会身份理论以及角色身份理论、制度逻辑理论等相关研究进行评述，关注当前的研究缺口，通过案例研究对空缺部分进行探讨。案例研究 1 基于社会身份理论探讨混改企业国有方和民营方董事的身份建构，形成理论模型；案例研究 2 基于角色身份理论探讨混改企业国有方和民营方董事的角色行动，形成理论模型；案例研究 3 是在案例研究 1 和案例研究 2 的基础上，基于主体能动性理论，探讨混改企业国有和民营双方董事的行为互动类型及其相应的制度结果。具体研究安排如下：

第 1 章为导论部分。这一章在回顾混合所有制改革实践和回归理论的基础上，提出本书的研究问题，从现实与理论两个方面厘清混合所有制改革背景下董事行为的研究背景，并提出研究思路与研究视角，进而提出本书的结构安排和研究路线，以及本书的创新与贡献，最后根据以上分析构建本书的研究框架。

第 2 章为文献综述部分。首先，本章对混合所有制改革的历史发展进程进行梳理，主要分为初步萌芽、有所发展、基本成形和全面深化四个阶段（富丽明，2024）。通过对混合所有制改革相关文献的进一步梳理发现，已有关于混合所有制改革的研究主要集中在混合所有制是否提升了国有企业的市场化水平、是否推动了控制权的有效配置、是否实现了股东间的优势互补，以及混改企业董事行为是否有效这四个领域。我们将这四个领域的研究整合为组织制度逻辑—权力关系互动—个体行动焦点三层次分析逻辑。其次，我们分别对这三个分析逻辑进行详细阐释，从混合所有制改革的市场化效应研究和新制度主义与混改企业双重逻辑，对组织制度逻辑进行进一步解释；从控制权配置与资源依赖两个角度对混改企业国有方和民营方之间的权力互动进行进一步阐释，从主体能动性、董事行为、社会身份理论与角色理论角度对个体行动焦点进行进一步阐释。最后，我们基于结构作用于行动、行动又重构结构的结构—行动范式，结合制度理论、资源依赖理论以及行为理论提出了本书的综合分析框架，以及本书的研究问题：双重制度逻辑和资源依赖情境如何约束和影响混改企业董事的行动？混改企业董事的行动最终又如何影响制度逻辑与资源依赖情境的强化或变迁，从而影响企业绩效？

第 3 章为研究设计部分。本章主要阐述了本书的研究方法、样本选择，以及数据收集和数据分析情况。本书的研究采用案例研究和扎根研究相结合的方法，研究内容聚焦于不同情境下混改企业国有方和民营方董事如何进行身份识别和身份建构，即"我是谁"，以及国有和民营双方董事如何行动，发挥角色作用，即"我做什么"。然后，基于"我是谁"和"我做什么"的研究，探索国有和民营双方董事的合作行动以及企业组织秩序的形成过程。在数据的选择上，选取陕西煤业化工集团在混改中取得较大成绩的八家具有代表性的企业，分别涉及不同的行业、不同的股权结构等。对于这八家企业，我们采用访谈法、现场观察、二手资料等多种数据获取方法，以保证数据的信度和效度，使研究更具有可靠性。在这一章，还同时呈现了本书的数据结构。通过扎根研究，共获得 281 条原始语句。随后，对这些原始语句进行标签化处理，共形成 221 个标签，进一步归纳为 113 个初始概念，并形成了 46 个副范畴。最终，将 46 个副范畴进一步归类，形成了 15 个主范畴。

第 4 章为案例研究 1——基于社会身份理论研究混改企业国有和民营双方董事的身份建构。基于资源依赖和控制权配置情境，在这一章，我们对八家案例企业进行分析。首先，基于双方资源需求优势匹配的基础，根据国有方具有的不可替代优势、民营方具有的不可替代优势以及双方均具有的不可替代优势，把这八家企业分为国有依赖民营、民营依赖国有以及国有与民营相互依赖三种依赖关系；根据股权结构、董事会结构、经理层结构的情况，将治理模式分为治理自主、治理控制和治理制衡三种；根据不同企业的情况得出行政化管控分为价值型、过程型、战略型三种。由此，由治理模式和行政化管控模式耦合出控制权配置的三种情况：民营占优的放权模式、国有占优的集权模式以及均衡的分权模式。资源依赖关系和控制权配置情境会影响董事在企业中的话语权，由此会使董事产生不同的动机，从而影响其身份建构方式。通过研究发现，在不同情境下，国有董事分别采取边缘化、强化型、融合型三种身份建构方式，民营董事分别采取强化型、调整型、融合型三种身份建构方式；在特定的情境下，国有董事和民营董事的建构策略是互补的，支持了混改企业的稳定和发展。

第 5 章为案例研究 2——基于角色身份理论研究混改企业中国有董事和民营董事的角色行动。基于制度逻辑情境，在这一章，我们对八家案例企业进行分析，将这八家企业分为市场逻辑主导、行政逻辑主导和双重逻辑共同主导三种类型。在市场逻辑主导的混改企业中，民营董事更加关注市场化的行为规范，其民营股东代言人角色与混改企业董事角色期望一致，从而采取融入整合行动；国有董事进入混改企业以后，有发挥和学习民营企业市场化优势的意愿，其国有股东代言人角色和混改企业董事角色期望一致，从而也采取融入整合行动。在行政逻辑主导的混改企业中，民营董事在适应行政化的行为规范过程中，其民营股东代言人角色与混改企业董事角色产生冲突，从而通过脱离掉民营股东代言人角色这一行动来缓解角色间冲突；而国有董事在行政化行为规范要求下，其国有股东代言人角色会同化其混改企业董事角色，即采取同化控制行动。在市场和行政双重逻辑的导向下，民营董事的民营股东代言人角色和混改企业董事角色之间产生了冲突，为了能够履行市场化的行为规范，他们采取权衡分离行动；国有董事的国有股东代言人角色和混改企业董事角色之间也产生了冲突，为了能够履行行政化的行为规范，他们采取战略权衡行动。

第 6 章为国有和民营双方董事合作行动研究部分。在第 4 章混改企业董事身份识别（"我是谁"）与第 5 章混改企业董事的角色行动（"我做什么"）

的基础上，这一章探讨身份识别对角色行动的影响。通过研究发现，身份识别与角色行动具有一致性，国有和民营董事身份建构的策略会影响其身份特征，从而影响其角色行动。采取边缘化身份建构策略的国有董事呈现出忽视混改身份、注重其他企业身份的身份特征，因此采取战略权衡行动；采取强化型身份建构策略的国有董事呈现出强化国有身份、同化民营方身份的身份特征，因此采取同化控制行动；采取融合型身份建构策略的国有董事呈现出重视混改身份的特征，因此采取融入整合行动。对于民营董事，研究也有相同的发现，即采取强化型身份建构策略的民营董事呈现出强调民营身份、注重自身利益的身份特征，因此采取权衡分离行动；采取调整型身份建构策略的民营董事呈现出忽视民营身份、强调国有身份的身份特征，因此采取角色脱离行动；采取融合型身份建构策略的民营董事呈现出重视混改身份的特征，因此采取融入整合行动。国有董事和民营董事双方的行动互动会形成回避型、协商型、妥协型三种合作行动模式。结构影响行动，行动又作用于结构，三种不同的合作行动又会影响组织秩序的生成，形成了疏远型、联盟型、主导型三种组织秩序。

第 7 章为研究结论与建议部分。首先，根据前面几章的研究，提出本书的三个研究结论。一是混改企业中控制权配置与资源依赖关系决定了混改参与者话语权的大小，影响国有董事和民营董事身份认知和身份建构的关键情境因素；二是混改企业市场—行政双重制度逻辑的竞争和兼容，作为一种制度情境，决定了混改参与者的行为规范规则，影响国有董事和民营董事的角色及其行动方式；三是混改企业的国有董事和民营董事的身份识别体现的身份特征影响其角色行动，双方的行动在企业中既独立又相互影响。其次，提出本书的理论贡献。本书的理论贡献主要体现在三个方面：一是为混改成效的差异性提供了一个组织情境—权力互动—个体行动三层次双向反馈的系统性阐释；二是研究了混改企业的国有方和民营方董事的身份认知和角色行动；三是很好地解释了董事行为互动对组织制度逻辑的影响。最后，提出政策建议。一是要发挥董事个人的主体能动性作用；二是要选择合适的合作伙伴；三是要完善混合所有制改革，为推进混合所有制改革提供政策支持。

本书的研究内容与结构安排如图 1 – 1 所示。

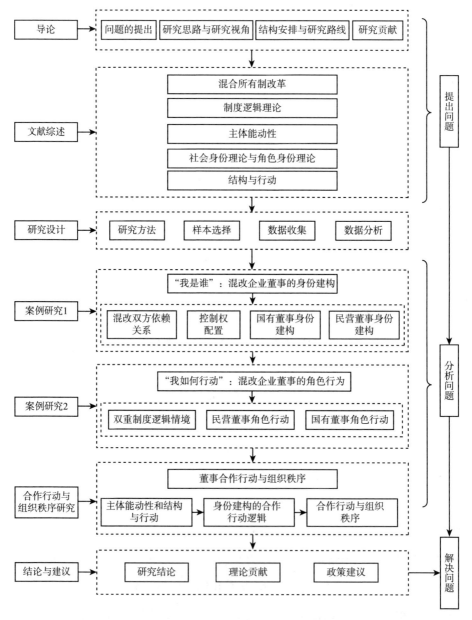

图 1 – 1 本书的研究内容与结构安排

1.4　本书的贡献

本书聚焦混改企业董事的主体能动性，研究了以制度逻辑、资源依赖等外部结构性情境与董事认知和行动间的相互作用和相互影响，主要理论贡献有三个方面。

第一，本书以混改企业董事行为为切入点，为混改成效的差异性提供了一个组织情境—权力互动—个体行动三层次双向反馈的系统性阐释，整合和丰富了混合所有制改革成效差异性的相关研究，提出董事行动受制度逻辑与资源依赖的约束和影响，同时董事行动又是组织制度和资源的塑造者。本书引入结构—行动范式，指出任何一个混改企业的初始制度逻辑、权力结构是既定的，这种不同的初始结构是影响混改企业董事认知和行动，进而影响混改企业行为差异性的原因，更重要的是，董事个体的认知和行动还会影响未来混改企业制度逻辑和权力结构的生成。也就是说，从一个相对长期的动态视角来看，混改企业的制度逻辑以及资源等结构约束是混改企业董事塑造的，混改成效的差异性源于董事行动的差异性。这一结论既是对现有研究成果的系统性整合，又突出了董事主体能动性的作用。

第二，本书从董事的主体能动性这一角度出发，深入研究了混改企业的国有董事和民营董事的身份认知和角色行动，丰富了混改背景下董事的相关研究。本书基于社会身份理论，提出国有董事和民营董事都面临着原有国有身份或民营身份与混改身份两重社会身份的认知冲突。在不同的结构情境下，国有董事会采取边缘化、强化型、融合型三种身份建构策略，而民营董事则会采取强化型、调整型、融合型三种身份建构策略。同时，基于角色身份理论，提出国有董事和民营董事都面临承担国有股东或民营股东代言人角色与混改企业董事的双重角色的潜在角色冲突。在不同的制度情境下，民营董事会采取融入整合、战略分离、角色脱离三种角色行动，而国有董事会采取融入整合、战略权衡、同化控制三种角色行动。更为重要的是，我们发现，在特定情境下，国有董事与民营董事在身份和角色上的高度互补性支撑了混改企业的稳定和发展。这些研究成果是对董事行动更深入的刻画和解读，是对混合所有制改革背景下董事相关研究的丰富和深化，也是对身份理论在混改企业研究领域的拓展性应用。

第三，本书基于认知决定行动与行动决定结构的逻辑，研究混改企业国有董事与民营董事间合作行动的形成过程及其对组织秩序的影响，很好地解释了董事行为互动对组织制度逻辑的影响，也拓展了多重制度逻辑复杂性在混改企业中的应用。本书研究发现，在混改企业中，国有董事和民营董事在角色互动中采取了回避、妥协、协商三种合作行动，不同的合作行动导致组织中疏远、主导和联盟三种组织秩序的形成。尤其是在相同的制度逻辑情境下，不同的合作行动可能会导致市场—行政双重制度逻辑的兼容，也可能会导致市场—行政双重制度逻辑的竞争。这一研究成果不仅验证了混改企业中合作行动的重要价值，证明了混改企业中制度逻辑的演进性，更重要的是，解释了双重制度逻辑导致的兼容或竞争的差异取决于制度逻辑背后个体能动性力量，这是对新制度理论的丰富和补充。

第 2 章

文献综述与分析框架

2.1 混合所有制改革的历史发展

混合所有制企业是把追求经济目标的民营企业和承担社会目标的国有企业混合起来，将来自不同利益相关者的制度要素整合重组为一个连贯、协调的组织，进而形成可持续经营与创新的组织（Jay，2013；Pache & Santos，2013）。我国混合所有制改革（以下简称混改）具有独特的含义，主要是强调在国有企业中，通过非国有资本参股、员工持股等多种方式促进国有企业股权多元化，使不同所有制资本发挥优势，促进共同发展的改革实践（綦好东，2017）。混合所有制在我国已经有了长足的发展，从数量上看，混改企业所占比重已经达到 50% 以上，为我国经济发展做出了巨大的贡献。

我国混合所有制改革以改革开放为起点，历经了初步萌芽、有所发展、基本成形和全面深化四个阶段（富丽明，2024）。在初步萌芽阶段（1978 ~ 1992 年），改革的重点是突破计划经济体制下单一公有制的弊端，多种所有制经济共同发展。在宏观上，明确个体经济是国有经济的重要补充，为个体经济发展提供法律保护，使民营经济成为国有经济的重要补充；在微观上，改革国有企业经营机制，在东南沿海地区，国有企业最先开始和外资企业合作，改革初见成效。在发展阶段（1993 ~ 2003 年），改革的重点是社会主义所有制结构的调整，改革的重心更多地放在完善公司内部治理体制及现代企业制度的建立上。在宏观上，建立以国家宏观调控为基础的、由市场配置资源的社会主义市场经济体系；在微观上，通过改革，使国有企业由单一产权发展为多元产权，并形成产权明晰、政企分开、自主经营、管理科学的现代企业。混合所有制经济迅猛发展，混合所有制企业占比高达 40%。在这一时期，国有企业快速发展，但也出现了国有资产流失等问题。在基本成形阶段（2003～2013 年），国有企业改革的重点是产权改革，明确了除极少数必须由国家独资经营的企业外，积极推行股份制，大力发展国有资本、集体资本和非公有资本等参股的混合所有制经济，实现投资主体多元化，使股份制成为公有制的主要实现形式。混合所有制企业在数量和规模上都有了很大的提升，对经济的贡献率也达到了一半左右，在各种所有制经济中排在首位。但是，在混改企业中，国有股权"一股独大"的问题仍然存在，部分民营资本缺乏话语权，降低了民营方参与混改的积极性。在全面深化阶段（2013 年至今），改革的重点是在宏观上推进双向混改，即引导非国有资本参与国有资本，使民营资本在一定程度上进入非竞争领域的同时，也强调国有资本进入非国有资本，推进国有经济布局优化和结构调整；在微观上，创新国有企业经营管理机制，提高国有企业发展效率，打造世界一流企业。在这一阶段，混合所有制改革实现了分类、分层次改革，不同行业采取不同的改革措施，混合所有制改革发展更加成熟。

随着混合所有制改革的加快和深化，国有企业的产权形式、经营机制以及发展模式都有了重大改变，混改企业数量持续增加，规模扩张迅速，效益快速增长，国有资本控制力显著增强，在促进国民经济发展方面发挥了重要作用，改革成效显著。但无论是改革实践还是理论研究，混合所有制改革所取得的成果依然充满争议。

目前，关于混合所有制改革成效的研究主要聚焦在四个领域：混合所有制改革是否提升了国有企业的市场化水平、是否推动了控制权的有效配置、是否实现了股东间优势互补，以及混改企业董事行为是否有效。按照组织制度逻辑—权力关系互动—个体行动焦点分析逻辑来整合这四个领域的研究，我们发现，首先，混改成效源于混改企业中市场逻辑和行政逻辑的竞争和兼容，当混改企业难以突破行政主导的制度逻辑时，混改成效就比较差。其次，增加民营方的话语权以凸显民营方的市场敏锐优势是混改企业突破行政逻辑困境的途径。民营方话语权的提升通过控制权配置和资源依赖关系两个途径实现。最后，董事会作为公司治理的核心，董事会中民营董事的席位多少以及民营董事作用的发挥是决定其话语权大小，进而决定混改企业中市场逻辑能否胜出的重要主体性力量。显然，三层次分析逻辑中，董事这一个体行动焦点是三层分析框架的核心。

聚焦个体行动焦点，以混改企业董事行为作为解释混改成效差异性的核心，组织制度逻辑与权力关系互动就成为研究企业董事行为的情境。按照这一逻辑来审视混改成效差异性这一核心问题，有制度主义、权力结构和主体能动性三个理论视角。我们将分别从这三个理论视角出发来回顾关于混改成果差异性的相关研究，并形成关于董事行为研究的一个综合分析框架。

2.2　制度逻辑与混合所有制改革

2.2.1　关于混合所有制改革市场化效应的研究

混合所有制改革能够有效提升国有企业的市场化水平，这已成为当前的研究共识。研究发现，通过混合所有制改革，国有企业经营绩效显著提升，国有股东获得了30%以上的累计超额收益，而且前五大股东中非国有股东持股比例越高，企业财务绩效水平越高（丁华，2022）。这是因为，通过混改，国有企业控制权发生转移，各类性质资本在企业决策和经营过程中相互制衡，解决了国有企业经营权过度集中这一核心问题，带来了更大的经营灵活性和市场竞争力（戴保民，2017；冯朝军，2017；霍晓萍等，2019）。这表现在混改后非国有股东较高的市场感知力激发了国有企业的创新活力（任乐，2024）。同时，混改减少了政府对企业的干预，促使政府适当放权，减轻企业政策性负担，缓解资金约束，提升企业内部资源配置效率（沈昊，2019；张吉鹏，2021；于瑶，2022；谢德仁，2023）；此外，各种资本相互制衡，也降低了股东和管理层之间的信息不对称，减少了内部沟通成本，缓解了内部人控制问题，资本配置效率和企业抗风险能力进一步提高（蒋煦涵，2022；李胜楠，2024）。

也有研究发现，由于国有方在企业中的定位与职责不明确等现象的存在，部分国有企业的盈利水平没有明显改变（宋春霞，2024）。这是因为混合所有制改革实践中，对于微观层面的企业治理关注不够，国有股东在治理结构中仍然占主导地位（蒋永穆，2023）。很多混改企业即便引入其他所有制资本，但仍然存在行政化干预问题，对企业的管控依然按照国有独资企业的模式进行，大多采用"一刀切"的集权式的管理模式，管理机制不健全，管控手段单一，缺乏灵活性与针对性；同时，很多混改企业依然没有建立完善的管理制度与管理规范，企业发展理念、管理模式甚至价格机制没有完全实现市场化（韩卓辰，2023；石颖，2023）。

从混合所有制改革市场化效应的研究中可以发现，混改企业存在两个相互竞争的经营管理逻辑：市场逻辑和行政逻辑。而混改成效的差异就在于市场逻辑是否能够有效突破和替代行政逻辑，带来良好的治理效果和经营绩效。因此，我们需要从制度主义理论视角来理解混改企业市场—行政双重逻辑对混改成效的影响。

2.2.2 新制度主义与混改企业双重逻辑

（1）新制度主义与组织行为的同构性和异质性

新制度主义的组织观认为，组织嵌入在动态、多元的制度环境中，并受制度环境的约束，从而不得不采取环境所认可的制度、结构等。新制度主义的分析逻辑经历了从组织同构观到组织异质性的变迁。基于组织同构观，新制度主义解释了不同组织间的相似性，强调制度环境塑造了组织行为、组织形式、组织思维，处于同一制度环境中的组织在合法性压力驱动下，其组织的特征和结构趋于相同（DiMaggio & Powell，1983）。随着实践发展，越来越多的研究认为制度环境是复杂的、分割化的、模糊的，甚至包含各种相互矛盾的要求，组织并不是被动遵从制度环境的要求，而是根据具体情形进行策略性回应，从而导致不同类型组织结构的产生（Meyer & Scott，1983）。于是，新制度主义将研究焦点放在多元制度情境下组织行为多样性的研究，认为相互竞争的多重制度逻辑是组织行为多样性的根源（Thornton & Ocasio，2008）。

多重制度逻辑（Institutional logic perspective）强调组织所处制度环境的多元性，以及组织为应对多元制度逻辑所呈现的结果复杂性，解释组织在现实制度环境中的行为差异（Fridland & Alford，1991；Thornton & Ocasio，2008）。制度多元化情境下，行动者面临的众多制度逻辑可能是相互竞争的，也可能是相互兼容的。在多重制度逻辑竞争的情境下，个体和组织在社会情境中选择不同的制度逻辑进行回应是导致个体和组织之间存在差异性的根本原因（Thornton & Ocasio，2008）。多重制度逻辑也有可能以相对兼容的方式存在，导致新的组织形式的形成。不同逻辑是否重叠，以及组织实践特征和组织成员的特性都会影响制度逻辑的兼容性（Greenwood，2011）。

贝沙洛夫和史密斯（Besharov & Smith，2014）基于逻辑兼容性和逻辑中心性，给出了涵盖多重逻辑竞争与合作的综合框架。逻辑兼容性是指多重制度影响组织核心目标的一致性和行动的程度。多重逻辑影响组织核心目标的一致性程度越高，多重逻辑的兼容性就越高。与逻辑兼容性相对应的是逻辑中心性，是指多重制度逻辑渗透到组织核心工作活动中的程度。如果单一逻辑主导，则逻辑中心性低；如果多重逻辑共同主导，则逻辑中心性高。基于中心性和兼容性两个维度，形成对抗型、疏远型、联盟型和主导型四种类型的组织。在对抗型（高中心—低兼容）组织中，制度复杂性与冲突很大，这些冲突造成了组织的不稳定并威胁生存；在疏远型（低中心—低兼容）组织中，多种逻辑引起的冲突是适度的，当组织内部发生冲突时，这些冲突可以得到解决，有利于主导逻辑，避免冲突的升级；在联盟型（高中心—高兼容）组织中，制度复杂性与冲突较小，组织决策并不是非此即彼的选择；在主导型（低中心—高兼容）组织中，多种逻辑能够在主导组织内和平共处，组织没有冲突。

（2）混改企业的双重制度逻辑

混改企业把追求经济目标的民营企业和承担社会目标的国有企业混合起来，将来自不同利益相关者的制度要素整合重组为一个连贯、协调的组织，进而形成可持续经营与创新的组织（Jay，2013；Pache & Santos，2013）。混合所有制改革通过引导民营资本进入国有企业或鼓励国有资本参股民营企业，实现对制度与市场两股优势力量的整合（Zhou et al.，2017；Inoue et al.，2013）。由所有权结构和组织身份决定，混改企业最为核心的制度逻辑为市场逻辑与行政逻辑（陈光沛、魏江，2023）。国有资本的焦点在于资源配置，通过协调和补贴创新，实现弥补市场失灵、提升公共福祉等社会性目标，也就是以行政逻辑为主导；民营资本的焦点在于资源利用，通过优化运营成本和提高投资效率，追求利润最大化的经济性目标，以市场逻辑为主导（Genin et al.，2021；Zhou et al.，2017；Lazzarini et al.，2021；Zhang & Greve，2018）。

国有资本与民营资本间不同的利益诉求与行为期望导致混改企业中必然存在市场逻辑与行政逻辑的制度逻辑冲突，需要寻求协调一致的方案（Pache & Santos，2013；Greenwood et al.，2011）。也就是说，成功的混合所有制改革意味着在市场逻辑和行政逻辑之间找到了协调一致的方案。混改企业董事作为混改企业公司治理的关键焦点人物，其思维认知和行为方式必然受到市场逻辑与行政逻辑相互冲突的约束。在相互冲突的多重制度逻辑下，混改企业董事如何寻求协调一致的行动方案是决定混改成效的关键因素。因此，我们将纳入市场—行政双重制度逻辑，作为研究董事行动的制度情境，研究双重制度情境与混改企业董事行动的相互作用和反馈机制。

2.3　权力结构与混合所有制改革

2.3.1　控制权配置与混改企业话语权

控制权配置是混改企业权力博弈的核心成果。只有通过在民营资本和国有资本间合理配置控制权，并形成相互合作的激励相容机制，才能有助于混改企业中市场逻辑和行政双重制度逻辑达到平衡和互补（蔡锐，2022）。

国有资本和民营资本有不同的利益诉求和期望，获取控制权是维护自身利益、实现主导目标的重要途径。国有资本注重国有资产保值增值，其权力由政府赋予（Cheung et al.，2020）；民营资本注重经济目标，其权力由私人股东赋予（Pache & Santos，2013）。国有股东认为，放弃控制权可能会导致国有资产的潜在流失，而不放弃控制权又难以实现吸引社会资本、改善治理结构的预期目的；而从民营资本所有者角度看，参与混改会遭遇现有制度的强约束，很难获得控制权，但放弃控制权则可能被"套牢"，进而被剥夺准租金，从而影响参与混改的动力和意愿（刘汉民，2018）。

为了争夺各自的话语权，国有方和民营方就是否控股以及董事会席位反复进行博弈，以实现有利于自己的控制权结构。

首先，股权结构层面的控股权博弈。在混改过程中，如果国有比例过高，则不利于民营资本的加入，参与的民营资本缺乏对企业控制权与话语权的掌握，企业绩效无法提升，民营方往往会"用脚投票"，退出混改（袁碧华，2024；蔡贵龙，2018）；如果国有股比例过低，国有方担心民营股东资本追逐自身利益最大化的本性会使国有企业逐步降低服务社会的责任感，长此以往，民营资本会有目的性地"掏空"国有企业，导致国有资产流失（姜付秀，2015；王雪梅，2021）。也就是说，混改中存在着最优国有比例，合理的股权结构意味着国有和民营双方股东在控制权上的平衡（刘莉，2021）。

其次，董事会层面控制权的博弈。董事会席位赋予了民营股东一定的投票权与参与经营活动的机会。为了掌握话语权，民营股东会争取民营董事席位，积极参与董事会议事，充分利用董事会投票权（逯东，2019；宋春霞，2024）。民营方掌握董事会话语权能够有效地提高不同性质主体尤其是国有与民营主体之间的相互制衡程度，确保国有企业的市场主体地位，降低政府干预及经营目标和资源配置的行政化，提高资源配置效率（李维安，2016；祁怀锦，2018；张莉艳，2024）。

通过持续的权力博弈，在有些混改企业，国有资本转移部分控制权，与民营资本各自持有一定比例的控制权，达到无实际控制人、持股比例差距较小等状态，实现股权监督制衡的目的，如云南白药通过混改实现了政府、社会资本、管理层三方控制的平衡局面（沈红波，2019）；还有一些处于竞争性行业的企业，即使国有和民营双方在股权上实现了控制权的均衡配置，或者民营资本在董事会掌握多数席位，但由于国有资本过分强调控制权，采用"一刀切"的行政化管控模式，控制权仍掌握在其上级集团公司手中，导致民营方话语权难以得到实质性的保障（石颖，2023；毛宁，2023）。对于大多数混改企业而言，国有股东与民营股东股权比例悬殊，虽在形式上实现了国有资本和民营资本的融合，但实质上民营股东仍处于弱势地位，在"同股同权"下，其在董事会决策中发挥的治理作用也受到了限制。董事会中的多数成员仍来自国有方，民营方难以发挥作用，监事会也没有真正履行监督职责，决策最终还是由国有方决定。尤其是在经理层委派制的情况下，民营方在董事会的话语权完全被弱化（宋春霞，2024）。

2.3.2　资源依赖与混改企业话语权

（1）资源依赖理论与权力

资源依赖理论认为，没有一个组织是资源自给的，组织需要通过获取环境中的资源来维持生存，以减少外部不确定性及资源缺失所带来的影响（Pfeffer & Salancik，1978；Steen，2000）。一个组织所需要的资源可能掌握在其他组织手中，因此组织之间是相互依赖的。一个组织对另一个组织的依赖程度取决于三个重要因素，即资源对组织的重要程度、组织使用资源的自主能力，以及资源的稀缺性与可替代性（Pfeffer & Salancik，1978）。资源的稀缺性与重要性决定了组织依赖性的范围，组织必须与控制外部资源的其他组织互动，才能获得所需的资源。因组织间依赖程度的不同，产生了组织间权力的不对称，处于弱势地位的组织为了获取核心资源，往往不得不让出部分自主权（Thompson，1967；Scott，2002）。组织会通过多种方式，如兼并、联盟来减少对外部组织的依赖。

资源是权力的基础，组织间的依赖关系伴随着权力的交换，被依赖方通常掌握更大的权力。从资源视角来看，可将组织间的依赖关系划分为内生依赖和外生依赖（Thompson，1967）。内生依赖指的是组织双方资源有互补性，组织出于经济目的进行合作交易，这种依赖也被称为结构依赖；外生依赖更强调资源的稀缺性与不可获得性，一般是在合作过程中产生，因此也被称为过程依赖（吕文晶，2017）。从交易双方关系视角来看，可将组织间依赖关系划分为对称依赖和不对称依赖（Buchanan，1992）。对称依赖指的是双方依赖程度相当，而不对称依赖指的是双方依赖程度差距大。通过研究发现，不对称依赖关系会使组织间的矛盾和冲突增加，交易双方维持合作的意愿也会降低（任星耀，2009）。从资源权力视角来看，艾默森（Emerson，1962）将组织间的依赖关系分成联合依赖和不对称依赖两类。联合依赖指的是合作过程中双方对于彼此依赖的总和，用来衡量双方相互依赖的紧密程度；不对称依赖更关注依赖关系中双方的差异，在依赖关系中，被依赖更多的一方占据优势地位，在权力关系中自然也能获得更多的权力（Emerson，1962）。联合依赖突出彼此之间的合作关系，强调双方关系嵌入所诱发的目标一致性与联合行动；而不对称依赖更突出双方之间的权力关系，强调单向依赖结构导致的权力非均衡配置（付龑钰，2021）。因此，资源的稀缺性与不可获得性会影响组织间依赖关系的产生，组织双方依赖关系会影响组织权力的获取。

（2）混改企业双方股东的资源依赖

基于资源依赖理论，可以认为混改是参与改革的各方突破外部资源约束以求生存和发展的过程。如果没有资源依赖和约束突破，就不会进行混改。资源依赖是混改的前提，而资源依赖所衍生的权力关系却是混改是否取得成效的关键。

一方面，混合所有制改革通过"混股权""混机制"，实现了国有和民营双方异质性优势资源的混合。就国有企业而言，缺乏应对市场的灵活性资源会导致企业竞争力下降，而民营企业虽然在规模、融资及综合实力方面不如国有企业，但其拥有市场化机制灵活、市场感知力强、运营效率高等优势，以及独特的人力、知识、技术等异质性资源，国有资本可以通过引入非国有资本来提高其市场灵活性，从而激发创新活力和市场竞争力（毛新述，2020；任广乾，2022；曹瑾，2023；侯胜利，2024）。就民营企业而言，因产权性质导致政治资源缺乏、社会认可度低，在发展过程中往往会遇到融资和市场"瓶颈"，引入国有资本能够优化民营企业与政府及金融机构的关系，更容易获得信誉担保、融资支持、产权保护、税收优惠以及良好的政企共生关系，从而降低税收负担，缓解融资约束，降低融资成本，提高其市场认可度（Zhan，2023；沈开艳，2024；陈应龙，2024）。引入国有资本还能使民营企业进入一些行业壁垒较高的行业，国有资本能够为民营企业提供一定的声誉担保或制度背书，为民营企业带来更多的经济资源与发展机会（余汉，2017）；同时，国有企业强大的人力、财力、物力优势资源能够为民营企业高效利用，从而促进企业发展（闫明杰，2024）。也就是说，通过混合所有制改革，民营资本可以发挥其市场敏感度及灵活性优势，促使国有企业提升创新能力，焕发活力，而国有资本也可以发挥其优势，促使民营企业提高经营效率，扩宽企业发展空间，扩大企业规模（竺李乐，2021；王斌，2023）。混合所有制改革在多种性质股权间实现了异质性资源的利用与优势互补，有助于提高社会资源的整体配置效率，促进国有和民营双方经济的可持续增长（姚锺凯等，2022）。

另一方面，值得注意的是，并非所有的混改企业都实现了优势互补。在有些混改企业，国有资本和民营资本的优势并没有发挥出来，表现为双方目标的冲突导致彼此间制衡多于合作。异质性股东不同的利益诉求导致彼此间的冲突，国有股东要兼顾经济目标和社会目标，而民营股东更注重经济目标，目标的不一致导致双方在股权合作中产生冲突，彼此都有制衡对方的强烈动机（Finkelstein，1990；曹瑾，2023）。此外，还表现为在双方股东制衡过程中，民营资本活力丧失，其市场灵活性优势难以发挥，资源价值不断缩水，其管理制度及管理方式逐渐被国有方同化（李蒙，2021）。

混合所有制改革实践中，国有股东和民营股东双方优势互补的效果差异源于资源依赖关系所衍生的权力关系。在相互依赖的环境中，组织间依赖水平可以用资源对组织生存的重要性及资源自身的不可替代性来衡量（Mindlin，1975），企业内股东权力的配置内生于股东资源的相互依赖，即拥有重要资源且被依赖的一方掌握更大的权力，在双方关系中掌握更多的话语权（Emerson，1962；Rajan et al.，1998）。当国有方掌握独特性资源，民营方更依赖国有时，国有方上级集团就更易推行行政型控制；而民营方，无论是股东还是董事，其作用都难以发挥（綦好东，2017）。而当民营方掌握独特性资源，国有更依赖民营时，民营股东依据其异质资源优势所产生的依赖性和谈判力，打破"一股一票"的股权与控制权对等配置的逻辑，通过超额委派董事掌握更多的话语权，发挥治理作用（李延，2023；李姝等，2022）。在超额委派董事的情况下，民营委派董事能够有效发挥监督治理和信息传递功能，可以有效遏制国有股东的寻租和谋私等机会主义行为，并对经理人形成有效监督，减少其机会主义行为（赵悦，2023）。

混改企业董事，作为混改企业公司治理的关键焦点人物，其思维认知和行为方式必然受到市场逻辑与行政逻辑相互冲突的约束。在相互冲突的多重制度逻辑下，混改企业董事如何寻求协调一致的行动方案是决定混改成效的一个关键因素。因此，我们将纳入市场—行政双重制度逻辑，作为研究董事行动的制度情境，研究双重制度情境与混改企业董事行动的相互作用和反馈机制。

综上所述，国有和民营双方的控制权配置以及双方相互依赖所衍生的权力关系，构成了混改企业的权力结构。而成功的混合所有制改革意味着，权力结构博弈机制中，国有资本与民营资本能够通过共享一定的话语权来实现对国有资本的有效制衡（李维安，2022）。混改企业董事是国有股东和民营股东双方意志的实现者和代言人，其思维认知和行为方式除了受到制度逻辑的约束以外，必然还会受到双方权力结构的约束。在既定的权力结构情境下，混改企业董事如何利用既定的话语权并寻求更大的话语权来塑造双方的合作行动也是决定混改成效的关键。因此，我们将纳入控制权配置和资源依赖所衍生的权力关系，作为研究董事行动的权力结构情境，研究权力结构与混改企业董事行动的相互作用和反馈机制。

2.4　主体能动性视角与混合所有制改革

2.4.1　关于混改企业董事行为的研究

现代公司的董事会是公司治理的核心（Adams et al.，2007；Yermack，2004；Baldenius et al.，2014），董事通过参与董事会而享有对公司重大决策与经营管理的实质控制权（Aghion & Tirole，1997）。在混改企业中，董事会接受股东大会的委托授权，拥有企业实际控制权，同时各方股东的资源优势转化为入驻董事会的实际话语权，从而作用于混改企业经营决策与资源配置。因此，董事行为是决定混改企业行为的关键，而民营董事作为影响混改企业创新、竞争力与经营效率的重中之重，成为研究的热点。其相关研究主要集中在民营董事参与治理的经济后果，以及在董事会发挥职能的作用机制两个方面。

一方面，民营董事通过"用手投票"参与混改企业治理，改善混改企业经营效率，有利于混改企业中国有资产的保值增值（吴秋生等，2024；独正元等，2024）。民营董事参与治理，可以降低政府干预，强化企业经济目标，提升企业绩效；还可以通过完善法人治理来优化企业投资决策，提高决策的有效性与合理性，从而改善企业创新水平和经营绩效；民营资本进入国有企业，获得一定的所有权后，将有动力完善对管理层的激励和监督机制，减少管理层的机会主义行为，缓解委托代理问题，从而改善企业经营效率（马勇，2022；熊爱华，2021；蔡贵龙，2018；吴秋生等，2024）。

另一方面，民营董事在董事会不仅能够发挥监督作用，还能发挥战略决策和资源供给的作用（吴秋生，2022；曹晓芳，2022；徐鹏，2020）。就监督职能来说，民营股东利润最大化的目标使其对国有股东的机会主义行为有强烈的监督意愿，增加了内部人牟利的难度，发挥了监督制衡的作用；就战略决策职能来说，民营股东能够以更市场化的角度来参与决策，可以在企业数字化转型、市场化人才选聘等领域影响企业的战略决策；就资源供给的角度来说，民营股东拥有丰富的经验和专业的知识，可以带来互补性的智力资源，为企业充分利用市场机制创造条件（徐鹏，2020）。民营董事在董事会职能的发挥，在于与国有董事的异质性推动了董事会断裂带的形成，这迫使国有和民营双方董事为了形成统一观点，必须分析反对意见，协商沟通，深入了解决策方案，这就给了民营董事发挥作用、凸显价值的空间（梁上坤，

2020；王艳，2023）。

对混改企业董事行动的研究，其潜在逻辑是董事行动的主体能动性，即董事的个体行动及其相互间的合作有助于形成良好的董事会结构并推动其治理作用的有效发挥，进而提升混改企业治理效率及其经营成果。也就是说，混改企业行为根植于董事行动，董事行动又塑造了制度情境与权力关系等结构性情境，从而影响企业经营。但是，关于董事行动的方式和过程，依然是不知晓的。因此，从主体能动性视角出发，需要解释混改企业董事的行动方式和过程，以及对组织结构情境的影响机制。

2.4.2 主体能动性与混改企业董事行为

（1）主体能动性

主体能动性是中外哲学界一直以来深入探讨的问题之一（张新生，2009）。所谓主体能动性，是指作为主体的人表现出来的自觉活动的属性，是主体在认识和改造客观世界的实践中所表现出来的主体特性，具体体现在主体在对象性活动中的自觉性、自为性、主动性、目的性、创造性。主体能动性包含两个方面：首先，承认人作为社会历史主体的地位，这是能动性发挥的前提；其次，主体是物质和精神的统一体，主体的实践活动不仅仅是主观、精神或思想意识的活动，还是人类实践活动中表现出来而又作用于人的实践活动（郭湛，2000）。

主体能动性体现在人类的认识活动和实践行为活动中。认识活动体现人类对客体的认识水平，充分体现在人类认识客体的全过程；实践行为活动体现在主体如何把理想、观念等转化为实际的现实的能动过程。从认知角度看，主体能动性是认识建构发展的过程与属性。人类的认识起源于主客体之间的相互作用。人作为认识的主体，并不是一个机械的接受系统，而是从出生起就处于积极能动的活动当中，人类的认识在不断同化与顺应的过程中得到更新和发展（Piaget，1927）。从实践角度看，主体能动性在主客体互动过程中发挥价值。人类是自我组织、积极主动的自主控制系统，人类在环境—人—行为的三元交互作用系统中有意识地对自身的行为与外部环境发挥作用（Bandura，1977）。因此，人的主体能动性会随着不同情境结构的变化而变化，是一种嵌入时间流动中的个体社会化能力（Emirbayer & Mische，1998），不仅涉及过去的经验，更包括当前的困境和未来计划的影响（Pentland & Feldman，2008）。

从主体能动性的视角来看，混改企业董事行为不仅受到权力结构与制度环境的情境约束，还会通过与外部环境的互动形成认知，通过行动实践过程作用于混改企业的组织环境，成为决定混改企业治理和经营好坏的决定性的主体性因素。身份认知以及基于身份角色的行动是个体认知和行为的底层逻辑。因此，需要沿着主体能动性的视角，引入身份理论，探讨混改企业董事认知建构及其行动方式的内在逻辑。

（2）社会身份理论与混改企业董事身份识别

身份是指人们在特定情境中对于个人经历和自我地位的阐述与解释，有两重含义：一是"本身、本体、本我"，是对自我的认知；二是"一致性与相同性"，是对与自己有一致性或者相同群体的认同，对差异群体的区分。社会身份理论认为，个体会自觉地对不同的社会群体进行分类和评价，并通过社会分类来构建和确定自己与他人的身份（Tajfel，1959；Turner，1978；Hogg，1993）。个体如何通过社会分类来构建自我与他人的身份认同，是全面理解个体的社会行为的关键。个体倾向于与群体内成员保持一致性，以区分自己与群体外成员的身份差异，这种分类和评价过程最终导致其社会身份的形成，并具有明确的边界性（Goldberg，2003；Barth，1998）。个体往往具有多重社会身份，而不同社会身份的重要性不一样。多重身份是按照一定的等级排序的。在特定情境中，具有突出性的身份会被激活，而身份的突出性与可获得性和适宜性相关（Jan，2000）。个体会根据感知到的社会情境进行社会分类，将自己归于某一特定的群体（Caren，2003）。

动机是指导、激发和维持个体从事某种活动的内在动力，是指导和影响个体身份定义和建构的普遍原则。个体身份的形成需要满足特定的心理需求（Schunk，1996；Vignoles，2011），自尊、意义、归属、独特、连续、效能感等动机都影响着个体的身份识别和建构（Schunk，1996；杨君茹，2023）。在个体生活环境较为稳定的阶段，主要致力于建构和维护自己的身份，这一过程涵盖身份的定义、表达以及维护；当个体面临身份威胁时，可能采取防御性的措施，或是对自身的身份进行调整，以更好地适应新的环境，从而提升自身的幸福感（Selim，2014；Vignoles，2014）。自尊、意义、归属、独特性动机在身份建构中更多地发挥情绪作用，可以帮助个体应对威胁，保持幸福感；而效能感动机更强调个体面对挑战时是否能够采取适用性的行为，是关于"能做什么"的身份认知，反映了个体对环境的控制感与能力感（王才康，2001）；连续感动机使身份得到维持，侧重于身份的稳定性（Vignoles，2008）。

混改企业董事的身份识别是建构其个体认知的基础。无论是国有董事还是民营董事，这一概念都隐藏着双重社会身份。一层身份是由其所属的国有或民营体制群体分类所定义的身份；另一层身份则是由其所属的混改企业群体分类所定义的身份。对董事个体而言，国有身份、民营身份以及混改身份可能是交叠的，也可能是冲突的，这意味着混改企业董事可能会陷入双重社会身份识别的困境。混改过程中，权力地位变化所带来的身份动机变化是影响其身份识别的关键因素。一方面，权力变化所带来的"能力与控制感"会激活其效能感动机，使之选择相应的身份；另一方面，权力变化所带来的身份情境变化会导致董事处于一个相似的或变化的身份情境中，从而激活其身份连续感动机并选择相应的身份（袁碧华，2024；Vignoles，2008）。因此，我们将引入社会身份及身份动机理论，探讨其双重身份识别困境中的身份建构，这是从董事认知层面切入来研究董事行为的起点。

（3）角色理论和混改企业董事的角色行动

"角色"一词最初从戏剧领域引入，被用来分析社会情境下个人与组织、个人与社会之间的关系，用于探讨个体在特定情境下的行为模式（Schuler & Aldag，1977）。角色身份是一套概念与假设的集合，基于个体与群体的互动来推测个体在既定角色中的行为表现，阐释占据特定社会位置的个体所预期展现或期待他人展现的行为。在特定情境下，个体会根据角色期望来调整自己的行为（Conway & Hindin，1976）。

在错综复杂的环境中，个体拥有多种多样的角色身份。与之相匹配，每种角色都需要体现相应的职责，以及责任和规范。当个体的期待不能与这些角色所赋予人的职责、责任、规范等协调并达成一致时，角色冲突由此产生。克汗等（Kahn et al.，1964）认为，个体作为社会成员，常常需要扮演多个角色，而当自身的期望或是价值观与其所扮演的角色不一致或不协调时，就会产生角色冲突，往往表现为三种类型：一是角色内冲突，即个体在扮演同一角色时，由于能力不足或与个人信念不符而产生的冲突；二是角色间冲突，即发生在个体承担的多个角色之间的矛盾；三是角色外冲突，即不同个体在角色扮演中的矛盾（张绪山，1992）。

在混合所有制改革过程中，国有董事和民营董事都存在多重角色及角色冲突。对于国有董事来说，一重角色是国有股东代言人，体现国有意志，维护国有资本不流失（陈瑶，2024）；而另一重角色是混改企业董事，以维护所有股东利益为目标，接纳或包容民营意志。对于民营董事而言，一重角色是民营股东代言人，体现民营股东意志；另一重角色是混改企业董事，其角色转变为管家或职业经理人角色，兼顾多方意志（曾宪聚，2019）。

在混改企业中，董事会根据不同角色的期望来调整自己的行为。也就是说，不同的制度情境对董事个体提出不同的角色期望，董事会根据角色期望来界定自己的角色行动。当不同的制度逻辑导致的不同角色期望之间出现冲突时，董事的双重角色就会存在冲突。董事的主体能动性就体现为积极采取角色行动来缓解和平衡双重角色冲突，从而营造一个行政逻辑和市场逻辑相对协调一致的制度环境。为探究混改企业中董事会为解决角色冲突所采取的行动，我们将引入角色理论来探讨他们对角色冲突的处理与平衡策略，从而在实践行动层面深入分析混改企业董事在行动上的主体能动性。

2.5　基于结构—行动范式的综合分析框架

2.5.1　结构—行动范式

如前所述，关于混改效果差异性的研究涉及新制度主义理论、资源依赖理论以及主观能动性理论与身份理论，需要一个能够涵盖这些理论的更宏大的研究范式。由于所研究的主题涉及个人行动以及行动的情境以及后果，因此本书将采用结构—行动研究范式，并结合制度理论、资源依赖理论以及主体能动性理论来分析问题。

个人与社会的二元对立矛盾是社会学的经典问题，是以结构与行动的关系表现出来的。所谓结构，是外在于行动者的社会构成要素间的客观联系；而行动则是指个体或群体行动能力的行使或表现（Stanford Encyclopedia of Philosophy，2015）。实证主义传统强调结构决定个体行动，社会秩序、社会结构以一种强制的威力形塑、规定着个体，个体在社会中自觉地社会化，按照社会结构的要求规范自己的行为。而微观社会学传统以及符号互动论则突出个体的主体性，强调有意义的行动构建、维持和改变社会，认为个体运用符号进行互动，产生社会关系，逐渐建构起社会结构。

结构—行动范式则对这种传统的结构与行动的二元对立进行整合。吉登斯（Giddens，1998）和布迪厄（Bourdieu，1977）各自提出的结构化理论和实践理论意在超越这种二元对立。吉登斯通过个人行动与社会结构的相互建构来克服主客观的二元对立，认为行动是一个动态的过程，不仅受到意图、理由、动机等心理层面的意识因素的主导作用的影响，而且受个人所不能控制的结构性因素影响，它们构成了行动者下一步行动的基础。结构，一方面，作为不断卷入社会系统再生产的规则和资源，被行动者利用以创造各种社会关系和社会制度；另一方面，又以"记忆痕迹"的形式存在于人们的头脑中，成为促成人们行动的意识性因素。结构既是行动的结果，又是行动的中介，具有二重性。布迪厄引入了"场域"和"惯习"的概念。场域是以各种关系为纽带连接起来的社会场合或社会领域，其本质是各要素之间的关系。惯习（habitus），又译为生存心态，是一种生成性结构，它通过指导人们的实践而塑造着社会结构。行动者在场域中受到客观结构的制约，通过场域中的关系网确定自己的位置；同时，又凭借自身所具备的资本，在惯习的作用下积极建构社会结构。而在新的条件下建构的社会结构又会被行动者内化成为惯习。这样一个反复不断的过程就是主体在场域中的实践过程。

吉登斯和布迪厄的观点有所差异。吉登斯的结构化理论是从本体论视角展开的，而布迪厄的实践理论则是从认识论角度论述的。吉登斯的结构化理论引入了结构二重性的观点超越二元论，社会的结构性特征并不外在于行动，结构既是反复不断组织起来的行为的中介，又是这种行为的结果。布迪厄则通过场域、惯习、资本等一系列概念建立了实践理论，惯习作为联结行动与结构的中介，不仅是结构的产物，还不断地参与结构的再生产。但是，无论是吉登斯还是布迪厄，他们所提出的结构—行动范式都超越了将结构与行动相孤立相对立的二元认识。他们都一致认为结构作用于行动，行动又会重构结构，同时都承认社会互动对于将个体和结构相关联的重要性。

2.5.2　综合分析框架

基于结构作用于行动、行动又重构结构的结构—行动范式，我们提出了本书的理论分析框架，如图 2 - 1 所示。

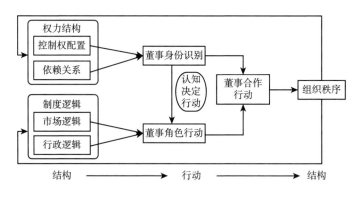

图 2 - 1   理论分析框架

根据吉登斯的定义，结构是社会再生产过程中反复涉及的规则和资源（Giddens，1998），同时也是存在于个体或群体身上并体现在行动实践之中的"记忆痕迹"。从这个定义出发，对于混改企业而言，无论是双重制度逻辑还是权力结构，都是混改企业所处的结构。一方面，国有股东和民营股东间的控制权配置以及资源依赖所衍生的权力关系共同构成了混改企业的权力结构，构成了混改企业的权力资源基础，是国有董事和民营董事所面对的一个结构因素。权力是影响个体或群体认知和行为的重要因素（Keltner et al.，2003；Guinote，2007），权力感是个体对他人或自己行为和资源控制能力的主观感受，表现为个体主观体验到的控制感（Anderson，2012），会作为国有股东和民营股东及其所委派董事的"记忆痕迹"而作用于董事的认知和行为。另一方面，市场—行政双重制度逻辑是混改企业所面对的另一个结构因素，构成了混改企业形成和发展必须遵守的规则，直接指导混改企业国有董事和民营董事的行动过程。简而言之，对于混改企业而言，权力结构因素作为一种体现于认知的"记忆痕迹"，决定着国有董事和民营董事的身份意识，即"我是谁"；然后，制度性结构因素作为一种行动规则，决定国有董事和民营董事的角色行动策略，即"我如何行动"。而角色行动受身份意识影响，国有董事和民营董事的认知和行动并不是孤立的，他们认知和行动的互动决定了组织秩序的形成，从而强化或改变原有的制度逻辑和权力结构。

　　根据上述分析框架，依据结构—行动范式，我们依次研究三个问题：第一，在不同权力结构下，国有董事和民营董事的身份定位是什么，即"我是谁"？第二，在双重制度逻辑规则下，国有董事和民营董事如何行动以履行制度逻辑的角色期望，即"我如何行动"？第三，国有董事和民营董事的身份定位和角色行动如何互动从而影响组织秩序的生成，以及对原有的制度逻辑和权力结构这两种结构要素又会产生何种影响？在第 3 章案例设计之后，第 4 ~ 6 章分别回应这三个问题。

第3章

研究设计

3.1 方法选择

本书采用案例研究和扎根研究相结合的方法来进行研究和分析。

首先，采用嵌入性案例研究，即在单案例中嵌入多个子案例的研究方法。案例研究是深入研究现实生活中对正在发生的现象与其所处环境背景之间关系的研究（Yin，1981），是对现实中某一复杂的具体现象进行深入全面的实地考察的经验性的研究方法（孙海法，2004）。案例研究适用于探究过程和机理性问题，并用于解析现有理论无法解释的新现象或研究议题，提炼现象背后的理论或规律（Eisenhardt，2007；Gioia，2013），适合探讨"如何"和"为什么"的问题。本书聚焦多种制度逻辑情境下的混改企业，探讨混改企业的国有董事和民营董事如何进行身份识别和身份建构，即"我是谁"，以及国有董事和民营董事如何行动发挥角色作用，即"我做什么"，最后基于"我是谁"和"我做什么"的研究，探索国有和民营合作行动以及企业组织秩序的形成过程。这属于典型的"为什么"和"怎么做"的问题，因此适用于案例研究。同时，我们采用嵌入式单案例研究。单个案例研究有助于保证研究的深度，并更好地了解案例的背景（Gibb Dyer，1991）。嵌入式单案例研究从主分析单元出发提出研究问题，通过对次级单元的分析，最终以主分析单元为落脚点，得出研究结论，有助于扩宽研究范围并能够对案例进行更深入的分析（Yin，2012）。对混改企业董事行动与外部结构情境之间的互动研究，是一个关注相对较少的研究领域，因此采用嵌入式单案例研究，并通过在子案例之间进行相互比较和差异性复制，有助于探索在一个既定的结构情境下，为什么不同的混改企业会出现不同类型的合作行动、组织秩序和权力结构，通过研究其中的规律，可以得出更具说服力和普适性的结论。

其次，采用扎根理论进行数据处理和分析。扎根研究通过对数据资料进行归纳、演绎、对比、分析，逐步提升概念及其关系的抽象层次，自下而上建立实质理论（Strauss & Corbin，2003）。扎根理论通过系统化获得与分析文本资料，并根据对文本资料的提炼，发掘出相对应的理论（贾旭东、谭新辉，2010）。通过对原始资料进行归纳提炼，自然而然呈现理论，属于一种自下而上构建理论的方法。我们采取程序化扎根理论来进行数据编码和分析，程序化和精确化的质性研究过程能够进一步提高研究效率（Strauss & Corbin，1997）。本书的研究属于探索性问题，需要细化出各个构念，厘清各个构念之间的复杂关系，从而构建出混改企业权力结构、多重制度逻辑与董事行动间互动影响的理论框架，因此适合采用扎根理论编码技术。在数据编码过程中，严格遵照程序化扎根理论基本原则，通过对访谈文本材料进行开放性编码、主轴式编码、选择式编码等，探索混改企业结构情境约束董事行动，董事行动又影响混改企业结构情境的相互作用机制。

3.2 案例选取

本书选择陕西煤业化工集团（简称陕煤化集团或陕煤）为案例样本。陕煤化集团是陕西省政府重点发展、重点培育的龙头骨干企业，是对陕西省属重点煤炭企业和煤化工企业进行兼并重组后成立的特大型能源化工企业。自2004 年成立以来，通过投资新建、收购兼并、资产划转、内部重组等多种途径，形成了煤炭开采、煤化工、燃煤发电、钢铁冶炼、机械制造、建筑施工、铁路物流、科技、金融、现代服务等相关多元互补、协调发展的多产业发展格局。陕煤集团旗下二级全资、控股、参股企业有 60 多个，上市公司五家，资产总额达到 7200 亿元。2015 年，该集团首次进入《财富》世界500 强，之后连续九年入榜，排名稳步提升，位列 2023 年世界 500 强榜单第169 位，2023 年中国企业 500 强榜单第 51 位①。选择陕煤化集团为样本，主要遵循案例研究的理论抽样原则（Eisenhardt et al.，2007），以典型性和启发性特征为主要标准，具体原因如下：

第一，案例的典型性。本书的研究要求案例企业典型性兼具集中性和突出性两个标准，即要求所选案例能够集中体现混合所有制改革所具有的共同特征，且所选择企业在混合所有制改革中取得了突出的成就。一方面，陕煤化集团是陕西省第一批响应混合所有制改革政策的企业，早在2006 年就启动了混合所有制改革，积极探索混改的不同路径和模式②。其混改方式多种多样，有参股企业，也有控股企业；混改企业数量多，在 432家独立法人企业中，控股的混改企业 162 家，与集团及所属企业合作的非公有制企业 170 多家③；混改企业所涉及的行业众多，包括化工能源、科技、建筑、运输、金融等；混改成果也是千差万别，既有混改双方合作愉快、企业迅速发展的，也存在混改中合作艰难、陷入困境的。也就是说，陕煤化集团的混合所有制改革能够较为集中地体现当前混改企业所面临的共同特征。另一方面，陕煤化集团是党的十八大以来陕西省属国有企业新一轮改革中率

---

① ② 资料来源：陕西煤业化工集团有限责任公司网站（https：//www.shccig.com）。

③ 资料来源：陕煤集团：混改激活高质量发展内生动力［EB/OL］. 人民网.（2020 - 06 - 29）. http：//sn. people. com. cn /n2 /2020 /0629 /c380804 - 34120615. html.

先完成混合所有制改革试点的企业①。通过混合所有制改革，陕煤化集团获得了煤炭、盐、水等资源，夯实了煤炭、化工等主业的产业基础；实施了产业升级改造，建成和储备了一大批项目，为持续发展奠定了基础；控制了一批拥有自主知识产权、处于领先地位的先进技术；获得了充裕的资金，保障了企业跨越式发展，将资源优势变成了经济优势。通过推行混改，陕煤化集团在放大国有资本的同时，也带动了民营企业和混改企业所在区域的经济发展，使企业活力和竞争力进一步增强。总之，陕煤化集团混改成效显著，具有案例选择的突出性特征。

第二，案例的启发性。陕煤化集团自 2006 年开始陆续进行混合所有制改革，坚持"混"是手段，"合"是目的，"以治理结构科学化、透明化为目标，推动混产权与改机制并重，所创立的北元模式成为陕西省混合所有制经济发展树立起的一面旗帜"②。以 2016 年中央经济工作会议提出的"混合所有制改革是国企改革的重要突破口"为契机，深度挖掘企业经营管理和转型升级中存在的问题，并有针对性地寻求合作伙伴、新兴产业，以科学决策、精细管理、团队建设和布局战略性新兴产业为目标，进一步加快混改步伐，创新混改实施路径。其中，陕西煤业股份有限公司通过股份制改造，实现了煤炭板块整体上市，是陕西省首家大型国有企业主业整体上市企业，是煤炭行业最具竞争力的上市企业。天元化工、神木富油、北元化工、江苏恒神股份等通过市场化的方式，兼并重组了煤炭分质利用、PVC、碳纤维等技术和产业，其立足点在于聚焦产业链、价值链，从国有经济、非公经济两个方面，加大市场化兼并重组的力度。北元化工、胜帮科技公司通过员工持股的方式，在混改基础上进行股权激励，进一步提高企业的管理水平，留住人才，做强企业，从资源、技术、人才、项目等战略性要素着眼。榆林化学榆

① 资料来源：陕煤集团：混改激活高质量发展内生动力［EB/OL］．人民网．（2020 - 06 - 29）．http://sn. people. com. cn /n2 /2020 /0629/c380804 - 34120615. html.

② 资料来源：中国企业报：细述十年共筑"陕煤梦"［EB/OL］．（2014 - 03 - 13）．https：//sxgz. shaanxi. gov. cn/newstyle/pub_newsshow. asp？chid = 100069&id = 1007928.

高化工有限责任公司是与日本高化学公司合资组建的化工企业，引进高化学煤制乙二醇技术，做强化工产业。龙华煤矿、山阳煤矿引进民营企业，实现煤电协同发展，着眼于统筹考虑成长性、扩展性以及与集团产业的协同性，引进战略投资者参与企业改革发展。[①]

陕煤化集团实施的混改以企业战略目标为导向，围绕主业整合延伸产业链为核心，促进各方利益文化融合为保障，构建以煤炭主业为中心的上下游产业链的规模化产业结构，在合作中共同分享增量资源，实现"1+1>2"的最佳效应，共同创造增量，提高企业质量效益，进一步激发企业活力。同时，积极推行国有企业干部和民营企业创始人及其高管"双向进入、交叉任职"，通过干部任用和交流来实现国有和民营双方的认同、融合，为良好的公司治理以及卓有成效的合作奠定基础。[②] 因此，陕煤化集团的"多元化混改模式+干部融合"实践非常契合我们的研究主题，其实践经验具有很好的理论启发性。

第三，子案例样本的多样性。为了尽可能多地涵盖多种研究情境及类型，我们以陕煤化集团下属的多家混改企业为样本选择范围，结合理论抽样原则，以样本多样性为导向，抽样选择了八家企业作为研究的子案例样本。在确定子案例样本过程中，首先，考虑到混合所有制改革的多样性，我们选择国有企业与民营企业共同出资，在治理结构上以双方董事、董事长、总经理为特征的混改企业，排除了基金出资或员工持股等混合所有制改革形式以及实施董事选举和经理层聘任的混改企业。国有企业和民营企业出资形成的混改企业能够比较集中地体现双方的权力制衡以及双重制度逻辑；同时，治理结构上的委派制是一种不成熟的公司治理体系，能够较为突出地体现混改过程中出现的各种问题和矛盾。其次，由于行业和股权结构是影响国有和民

---

① 资料来源：陕煤集团：混改激活高质量发展内生动力［EB/OL］．人民网．（2020－06－29）．http：//sn.people.com.cn/n2/2020/0629/c380804－34120615.html.

② 资料来源：陕西煤业化工集团有限责任公司网站（https：//www.shccig.com）。

营合作状态的重要因素，以两个因素为导向来考虑样本的多样性。一是考虑样本所处行业的多样性。所选择的八家子案例企业涵盖了陕煤化集团所处的主要行业，包括两家煤炭企业、两家化工企业、一家供应链贸易企业、三家高科技企业。二是考虑混改所形成的股权结构的多样性。在八家子案例企业中，有两家陕煤是控股股东，有四家陕煤是相对控股股东，有两家陕煤是参股股东。通过子样本选择的多样性以达到多重验证的效果，增加研究结论的正确性和普适性。选择的样本如表 3 – 1 所示。

表 3 – 1　　　　　　　　　　子案例企业基本情况

案例编号	混改企业	混改时间	行业	陕煤占股比例	董事长与总经理设置		董事会席位	
					董事长	总经理	国有	民营
D1	北元化工集团有限公司	2008 年	化工	35.31%	国有	民营	4	3
D2	神木富油能源科技有限公司	2006 年	科技	55%	国有	民营	3	2
D3	神木能源发展有限公司	2009 年	化工	40%	国有	民营	3	4
D4	美联美智慧能源技术有限公司	2021 年	科技	15%	民营	国有	1	4
D5	宝鸡华海工贸有限公司	2012 年	贸易	47%	国有	民营	4	1
D6	陕煤供应链管理有限公司	2022 年	贸易	46%	国有	民营	3	2
D7	神木电化发展有限公司	2010 年	煤炭	59.17%	国有	民营	3	2
D8	孙家岔龙华矿业有限公司	2010 年	煤炭	30%	民营	国有	4	5

资料来源：根据案例企业公司网站公布的信息以及访谈数据整理形成。

案例 1：北元化工集团有限公司（简称北元化工）是我国 PVC 行业的龙头企业，于 2008 年实施混合所有制改革，原民营企业北元化工资产通过评估注入北元化工集团有限公司。该公司由一家民营企业、三个自然人股东和陕煤化集团共同发起，陕煤化集团占40%左右的股份，并形成陕煤化集团委派董事长、民营方聘任总经理相互制衡的公司治理结构，于2019年成功上市。

案例2：神木富油能源科技有限公司（简称神木富油）是一家从事石油制品制造、石油制品销售、化工产品生产等业务的公司，于2006年实施混改。由陕煤化集团及两位民营股东共同出资，陕煤化集团占股55%，处于控股地位。该企业坚持走自主研发和合作开发的科技创新之路，拥有多项自主知识产权，是陕西省科技示范企业。

案例3：神木能源发展有限公司（简称神木能源）于2009年实施混改，是神木煤化工产业有限公司代表陕煤化集团出资，采用股份制形式联合组建的新型能源环保型煤化工企业，陕煤化集团占股40%，四家民营股东各占15%的股权，主要从事兰炭、煤焦油、煤气、电力、电石产品的生产和销售。

案例4：美联美智慧能源技术有限公司（简称美联美）于2020年实施混改，由陕煤化集团、联想集团、中国矿业大学、西安科技大学、北京好奔奔五方共同出资。其中，由西安重工装备制造集团（简称重装）代表陕煤化集团出资参股，股份占比达15%。该企业主要从事能源技术研发、技术服务、技术开发等业务，在智慧能源领域取得了突出成就，具有一定市场影响力。

案例5：宝鸡华海工贸有限公司（简称华海工贸）成立于1994年，主要从事煤炭制品销售及运输业务，于2012年实施混改，由陕煤化集团与民营股东共同出资，陕煤化集团占股51%；于2022年引入新股东中国铁路西安局后，陕煤化集团占股47%，民营方持股33%，铁路局占股20%。目前，该企业已经被纳入陕煤化集团的二级考核单位。

案例6：陕煤供应链管理有限公司（简称陕煤供应链）成立于2019年，

是由陕煤化集团、陕西煤业股份有限公司、瑞茂通供应链管理有限公司三方共同出资形成的混改企业。其中，陕煤化集团占股46%，瑞茂通供应链管理有限公司占股49%，陕西煤业股份有限公司占股5%，是一家从事供应链管理，煤炭、铁矿石、有色金属、化工原料及产品的批发、零售的贸易公司。实施混改以来，企业运行稳定，经营业绩不断提升，高质量项目逐步推进，国际市场快速发展，这是该企业的亮点和特色。

案例7：神木电化发展有限公司（简称神木电化）成立于1996年，于2010年实施混改，由神木煤化工产业有限公司代表陕煤化集团出资，陕煤化集团占股59.17%，民营方占股40.83%，主要从事电力、电石的生产与销售。随着混改的不断推进，企业生产能力和业务规模快速扩张，形成了"发电—电石—热力—固废处理"一体化的特色循环经济产业链。

案例8：孙家岔龙华矿业有限公司（简称龙华矿业）成立于2008年，于2010年实施混改，由陕煤化集团与其他三家民营股东共同出资，陕煤化集团占股30%，主要从事煤炭开采销售、洗选销售、加工销售等业务。实施混改后，该企业产业链不断完善，煤矿产量逐年增加，智能化水平不断提升，逐步形成以煤炭为主、煤业科技和新能源为两翼、现代物流、现代服务、生态农业为支撑的"一体两翼三保障"的发展格局。

第四，资料的可得性和完整性。研究者与研究企业所在同一城市，且双方有长期的合作关系，可获得访谈等一手资源。本书所选取的企业家均为知名企业，公开信息较多，各大媒体和研究人员都对其进行了研究与报道，二手数据也较多。

3.3　数据收集

本书的案例数据由一手资料和二手资料构成（见表3-2）。

表 3 – 2 数据信息统计表

数据来源	数据信息统计				
	录音时间（分钟）	文本字数（字）	访谈人数（人）	受访者职位	访谈主要内容
深度访谈	1200	26.8 万	8	国有董事	混改的背景、动机和成果，混改后国有企业和民营企业在混改企业发展中发挥的作用，董事个人角色身份的转变与适应，与他人的合作及工作阻力处理，以及个人对混合所有制改革的看法
			8	民营董事	
			8	其他高管、经理	
现场观察	分别到八家企业实地走访、观察				
二手资料	新闻报道、企业官网、公众号、微博、中国知网、案例数据库资源等				

第一，半结构访谈。研究团队在 2023 年 9 月～2024 年 6 月分别对八家企业的 24 位董事或高管进行了深度访谈。在选择访谈对象时，尽量选择由国有和民营双方股东担任公司董事长和总经理的董事，他们能最大限度地代表国有和民营双方股东的利益并维护混改企业利益，然后找第三位董事或企业高管进行访谈，实现三角验证。对于一些不愿意接受访谈的董事长或总经理，我们也找到了解企业混改背景、过程、国有与民营双方合作情况、与其职务身份类似的董事和高管进行访谈，以此获取相关信息和资料。我们共与八位董事长、八位总经理、八位其他董事或高管进行了访谈。八家样本企业访谈对象的编码顺序为：第一家案例企业民营方被访对象编码为 D11，国有方被访对象为 D12，第三位访谈对象为 D13；第二家企业则分别为 D21、D22、D23；以此类推。访谈内容主要包括混改的背景、动机和成果，混改后国有企业和民营企业在混改企业发展中发挥的作用，董事个人角色身份的转变与适应，与他人的合作以及工作阻力处理，以及个人对混合所有制改革的看法五大方面。

第二，二手资料。共获得 32 份二手资料，包括各样本企业的官网资料、企业经营状况、二手访谈新闻等。二手资料的获取主要通过以下方式：一是搜集网上已有新闻报道等相关资料，并对搜集到的数据资料进行转译，统一成文字版资料；二是在中国知网、中国管理案例数据库等平台搜索与相关企业董事长、民营创始人相关的书籍、期刊论文以及案例分析资料等公开的文献信息；三是从企业官方网站、微信公众号、官方微博等渠道获取补充性二手资料。

第三，现场观察。本书的研究关注混改企业董事的身份认知与角色行动以及国有和民营双方的合作互动，需要与样本企业的双方董事直接接触和互动，这样才能了解企业的综合情况，因此研究团队在 2023 年 9 月～2024 年 8 月分别对所选取的样本企业进行了考察和调研。通过现场考察，研究人员能实地感受国有和民营双方董事的工作方式、工作内容及互动过程，对所研究对象有更深入的直接了解与认识。

总结来看，本书的研究遵循"三角印证"的原则，从多渠道收集案例资料，使不同来源数据形成三角验证，从而提高研究的信度和效度，使研究结论更准确、可靠。

3.4　数据分析

本书按照施特劳斯和柯宾的程序化扎根理论，分三步对所获得的数据进行提炼、整理和归纳。

第一步，对原始访谈资料进行拆分，逐句逐段进行开放式编码，界定概念和发现范畴。首先，本书按照案例序号—回答语句顺序对原始语句进行编号，共获得281条原始语句。随后，对这些原始语句进行标签化处理，共形成221个标签，并进一步归纳为113个初始概念，最终形成了46个副范畴。数据结构如图 3 - 1 所示。

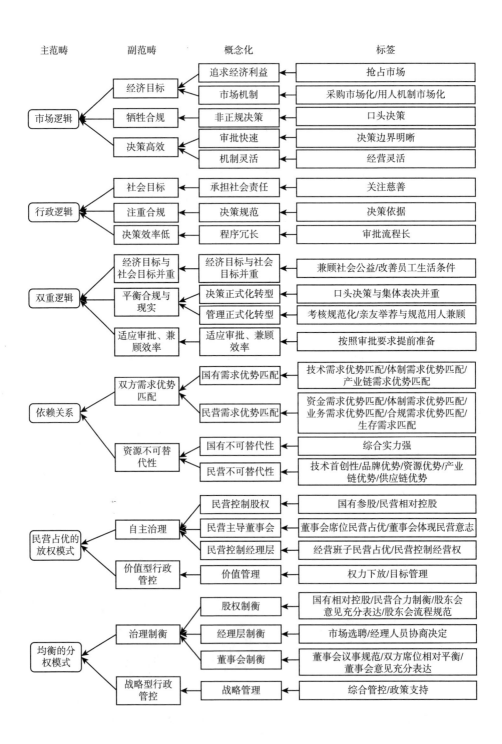

| 主范畴 | 副范畴 | 概念化 | 标签 |

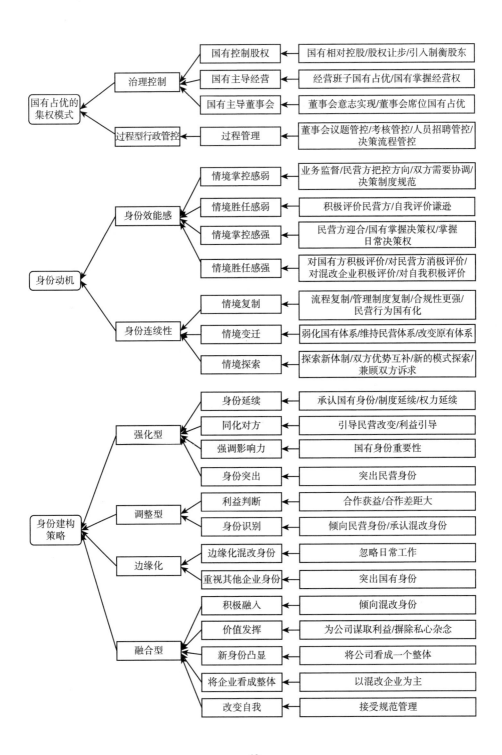

国有占优的集权模式
- 治理控制
  - 国有控制股权 ← 国有相对控股/股权让步/引入制衡股东
  - 国有主导经营 ← 经营班子国有占优/国有掌握经营权
  - 国有主导董事会 ← 董事会意志实现/董事会席位国有占优
- 过程型行政管控
  - 过程管理 ← 董事会议题管控/考核管控/人员招聘管控/决策流程管控

身份动机
- 身份效能感
  - 情境掌控感弱 ← 业务监督/民营方把控方向/双方需要协调/决策制度规范
  - 情境胜任感弱 ← 积极评价民营方/自我评价谦逊
  - 情境掌控感强 ← 民营方迎合/国有掌握决策权/掌握日常决策权
  - 情境胜任感强 ← 对国有方积极评价/对民营方消极评价/对混改企业积极评价/对自我积极评价
- 身份连续性
  - 情境复制 ← 流程复制/管理制度复制/合规性更强/民营行为国有化
  - 情境变迁 ← 弱化国有体系/维持民营体系/改变原有体系
  - 情境探索 ← 探索新体制/双方优势互补/新的模式探索/兼顾双方诉求

身份建构策略
- 强化型
  - 身份延续 ← 承认国有身份/制度延续/权力延续
  - 同化对方 ← 引导民营改变/利益引导
  - 强调影响力 ← 国有身份重要性
  - 身份突出 ← 突出民营身份
- 调整型
  - 利益判断 ← 合作获益/合作差距大
  - 身份识别 ← 倾向民营身份/承认混改身份
- 边缘化
  - 边缘化混改身份 ← 忽略日常工作
  - 重视其他企业身份 ← 突出国有身份
- 融合型
  - 积极融入 ← 倾向混改身份
  - 价值发挥 ← 为公司谋取利益/摒除私心杂念
  - 新身份凸显 ← 将公司看成一个整体
  - 将企业看成整体 ← 以混改企业为主
  - 改变自我 ← 接受规范管理

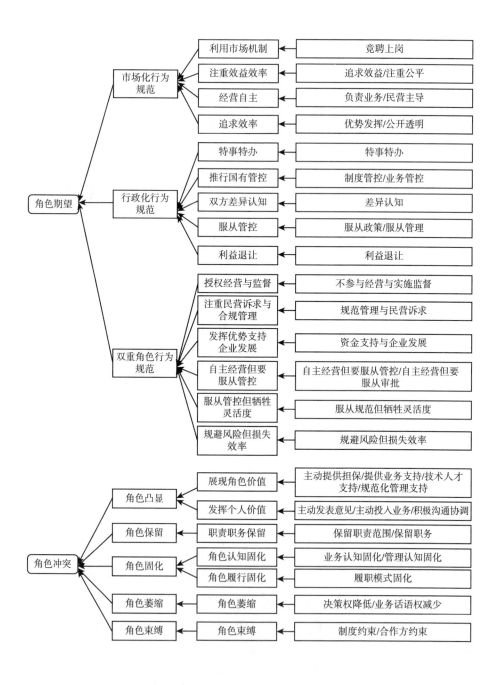

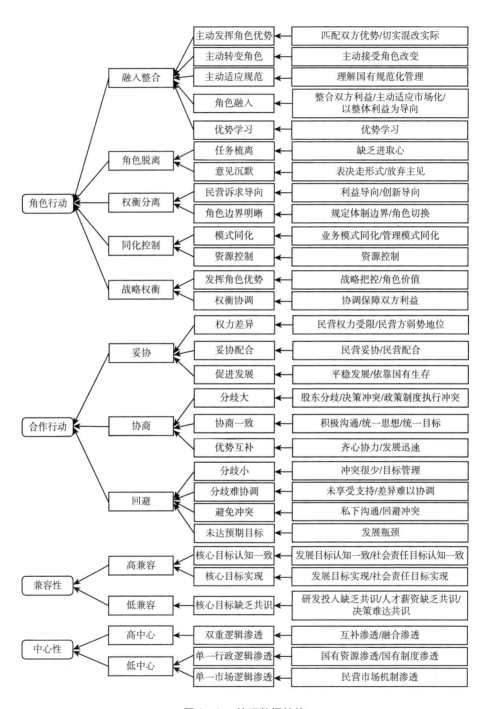

图 3-1 编码数据结构

第二步，主轴式编码。本书将 46 个初始范畴进一步归类，形成了 15 个主范畴，分别为依赖关系、民营占优的放权模式、国有占优的集权模式、均衡的分权模式、身份动机、身份建构策略、市场逻辑、行政逻辑、双重逻辑、角色期望、角色冲突、角色行动、合作行动、兼容性、中心性，如表 3-3 所示。

表 3-3 主范畴、副范畴及其相关定义

主范畴	副范畴	内涵
依赖关系	双方需求优势匹配/资源不可替代性	组织间的相互依赖程度是一个组织对另一个组织所控制的关键资源的需求程度，决定了组织在资源获取过程中的依赖性（Emerson，1962）
民营占优的放权模式	自主治理/价值型行政管控	民营方在治理模式中掌握更多的权力，国有方注重信息获取，以提高价值回报为核心，授予混改企业独立决策权（刘剑民，2012）
国有占优的集权模式	治理控制/过程型行政管控	国有方在治理模式中掌握更多的权力，并凭借其绝对控股地位，以重要资源为核心，控制所出资的混改企业的重大决策，加强对混改后企业的控制（刘剑民，2012）
均衡的分权模式	治理制衡/战略型行政管控	国有和民营双方在治理模式中权力均衡，国有方结合混改企业的发展情况制定相应的管理制度与管理模式（刘剑民，2012）
身份动机	身份效能感/身份连续感	指导、激发和维持个体从事某种活动的内在动力，会作为一种普遍原则来指导和影响个体进行身份定义和身份建构（Schunk，1996）
身份建构策略	强化型/调整型/边缘化/融合型	一系列自我定义和对自我建构不断修正的过程（Marchand，2003）。身份建构策略是个人在自我定义和自我建构修正过程中所采用的方法及行为方式
市场逻辑	经济目标/牺牲合规/决策高效	聚焦资源利用，通过优化运营成本和提高投资效率，追求利润最大化（Zhou et al.，2017）
行政逻辑	社会目标/注重合规/决策效率低	聚焦资源配置，通过协调和补贴创新，弥补市场失灵，提升公共福祉（Lazzarini et al.，2021；Zhang & Greve，2018）
双重逻辑	经济目标与社会目标并重/平衡合规与现实/适应审批、兼顾效率	一个组织中有两种不同的制度逻辑，制度逻辑塑造着行为主体的认知和行为（Fridland & Alford，1991），从而导致组织中个体行为的多样化和差异化

续表

主范畴	副范畴	内涵
角色期望	市场化行为规范/行政化行为规范/双重角色行为规范	占据社会地位的个体在与他人互动时所需要满足的一系列价值观、信念、行为规范等（Biddle，1979）
角色冲突	角色保留/角色凸显/角色萎缩/角色束缚/角色固化/角色转变与萎缩/角色凸显与束缚/角色固化与凸显	个人在某个组织中所扮演角色的期望与其在另外一个或多个组织中扮演角色的期望相冲突（Robert Kahn，1964）
角色行动	融入整合/权衡分离/同化控制/战略分离/角色脱离	个体在特定社会角色中的行为（Schuler & Aldag，1977）
合作行动	妥协/协商/回避	合作行动是两个或两个以上的个人或团体共同努力以实现共同目标或完成共同任务的行为，通常涉及沟通、协调等（Johnson，2013）
兼容性	高兼容/低兼容	兼容性是多重制度影响组织核心目标的一致性和行动的程度，兼容性越高，多重逻辑影响组织核心目标的一致性程度就越高（Besharov & Smith，2014）
中心性	高中心/低中心	中心性是多重制度逻辑在组织核心功能特征中的表现程度，组织中的多个制度需求渗透到组织核心工作活动中的程度。如果单一逻辑主导，则中心性低；多重逻辑主导，则中心性高（Besharov & Smith，2014）

　　第三步，选择式编码，分析核心范畴与主范畴以及其他范畴的关联，并以故事线的形式描绘整体行为现象。基于结构—行动范式，采取结构—行动—结构的研究逻辑，确定了混改企业结构情境与董事行为相互影响的作用机制这一核心范畴，并分为三个分支故事线进行探讨。一是权力结构作为情境结构，对董事身份认知与建构过程的影响；二是双重制度逻辑作为结构情境，对董事角色行动过程的影响；三是董事间合作行动形成以及对组织结构情境的重塑作用。

第4章

"我是谁"：混改企业董事的身份建构

本章回答本书的第一个研究问题：在由控制权配置与资源依赖衍生的权力关系所构成的权力结构情境下，混改企业董事面临着原国有身份或民营身份与混改企业身份之间的识别与选择问题，混改企业董事应如何识别并建构身份？本章将引入身份动机理论，探讨混改企业董事的身份困境及其身份识别建构。

4.1　分析框架以及子案例嵌入结构

4.1.1　分析框架

身份识别和建构源于身份动机，身份动机不一致会导致多重身份识别的潜在冲突。每一种社会身份的识别都由潜在的身份情境所决定（Proshansky，1983）。对于混改企业来说，国有和民营双方所委派的董事都拥有双重社会身份：国有身份和非国有身份，认同哪一种社会身份或者如何在双重身份中寻找最佳平衡，决定着其在混改企业中的思维模式和行动方式。话语权作为混改双方关注和争夺的焦点（黄速建，2014），话语权的大小决定着董事维持原有社会身份或认同新社会身份的动机。话语权大的一方，其维持原有身份的动机就会更强一些；话语权小的一方，其维持原有身份的动机自然会减弱，而认同新的混改身份的动机会增强。由控制权配置与资源依赖衍生的权力关系所构成的权力结构情境是决定双方话语权的关键。

首先，国有和民营双方的资源依赖关系不仅决定混改企业的形成，还决定了各自在混改企业中的话语权（逯东，2019）。任何一个组织为了生存，势必要从外部获取资源（Jeffrey，1978）。由于股权性质的差异，国有股东和民营股东各自拥有异质性资源，同时也都存在资源劣势。国有企业具有技术、管理、信誉与文化等方面的优势，但也存在体制不灵活、创新效率低、所有者缺位等问题（闫明杰，2024）；民营企业拥有机制灵活、创新力强、市场敏锐性强等优势，但也存在规模小、合规性不足、融资难等问题（陈应龙，2024）。因此，实施混合所有制改革就是国有和民营双方股东打破资源约束，实现双方资源互补的过程。彼此资源依赖是混改双方合作的基础，而持有独特性资源的一方也拥有了对资源需求方的权力，在合作关系中掌握更多的话语权。依据双方对彼此的依赖程度的不同，可以将依赖关系划分为平衡依赖和不平衡依赖（Emerson，1962）。相互依赖程度相近是平衡依赖，而互相依赖程度差别较大的则是不平衡依赖（Buchanan，1992）。通常，在不平衡依赖下，依赖度较小的一方拥有权力优势，在合作协商中处于有利地位，从而掌握话语权；而依赖度较大的一方处于权力劣势，在合作协商中处于不利地位（Rubin & Brown，1975），话语权小。也就是说，混改企业中，掌握独特资源的一方更容易掌握话语权。

其次，混改企业的控制权配置是决定双方股东及其代言人话语权大小的制度性配置。控制权是行使法定权力或对企业资产经营管理产生影响的权力，控制权的特征影响着公司的权力（Hart，1990）。国有和民营双方往往通过争夺控制权来获取企业经营管理权和决策权，从而提高在企业中的话语权（杨继伟，2017）。话语权不仅体现为对控股权、董事会以及日常经营控制权的争夺，也体现为股东对混改企业的行政化管控手段。对于非国有股东而言，往往会通过积极委派董事、高管参与国有企业治理和经营，以获取充分的信息和企业控制权，从而获得一定的话语权（蔡贵龙，2018）。而对于国有股东，除了通过治理结构掌握企业控制权，行政化管控也是国有企业掌握控制权的方式之一。国有方对混改企业的行政化管控主要有三种模式。一是以资源为核心的过程控制型模式，即国有企业凭借其绝对控股地位，以重要资源为核心，控制其出资的混改企业的重大决策，加强对混改后企业的控制，属于集权管控模式。二是以制度为核心的战略规划型管控模式。在这一模式下，国有企业凭借其相对控股地位，结合混改企业的发展情况，制定相应的管理制度与管理模式，属于分权管控模式。三是以信息为核心的价值导向型管控模式。这一模式以注重信息获取、提高价值回报为核心，授予混改企业独立决策权，属于放权管控模式（苏琪琪，2024）。将国有方和民营方获取和使用控制权的手段结合起来，民营方更倾向于通过以市场为导向的公司治理体系配置和使用控制权；而国有方则在尊重以市场为导向的公司治理规则的基础上，倾向于通过以行政为导向的管控体系配置和使用控制权。若国有股东采用行政导向的控制方式并推行过程控制，民营股东市场导向的控制方式事实上会被弱化，混改企业的控制权配置就呈现出国有占优的集权模式；若国有股东采用行政导向的控制方式并推行战略控制，民营股东市场导向的控制方式就会发挥作用，混改企业的控制权配置就呈现出均衡的分权模式；若国有股东采用行政导向的控制方式，但推行放权控制，民营股东市场导向的控制方式就会被强化，混改企业的控制权配置就呈现出民营占优的放权模式。因此，我们将从民营占优的放权模式、国有占优的集权模式以及均衡的分权模式三种类型来对控制权配置进行探讨。

依据吉登斯结构主义的范式，混改双方的权力结构会作为"记忆痕迹"而影响董事认知，进而影响董事的行为选择。所谓"记忆痕迹"，是一种实践意识，是行动者在社会生活的具体情境中无须明言就知道如何进行的那些意识（Giddens，1998）。也就是说，在混改企业董事的双重社会身份认知困境中，权力结构要素赋予了董事对话语权认知和使用的"记忆痕迹"，使董事在不同情境下拥有了不同的身份识别动机，进而在不同的身份动机驱动下采取不同的身份建构行动。具体来说，在结构—行动范式基础上，通过嵌入社会身份理论，采取结构情境—身份动机—身份建构的框架来研究混改企业董事身份建构问题。分析框架如图4-1所示。

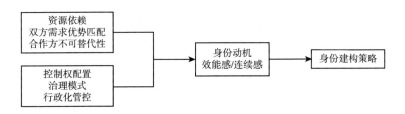

图4-1 混改企业董事身份建构分析框架

4.1.2 子案例嵌入结构

国有与民营的依赖关系包括国有依赖民营、民营依赖国有以及国有与民营相互依赖三种。控制权配置则体现为民营占优的放权模式、国有占优的集权模式以及均衡的分权模式三种类型。依赖关系与控制权配置的耦合匹配构成了董事身份建构的多重情境。因此，我们希望将不同的子案例按照依赖关系与控制权配置的耦合方式嵌入整体性案例中，如图4-2所示。理论上的耦合方式有九种情境，具体案例讨论的耦合情境根据实际扎根研究的结果来确定。我们在进行案例分析时，首先对每个子案例进行单独的编码分析，而后再通过跨案例比较来对整体案例进行分析（见图4-2）。

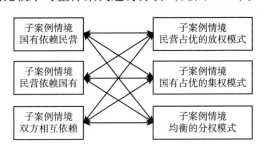

图4-2 子案例嵌入结构

4.2　混改企业董事身份建构的情境

4.2.1　混改双方依赖关系

我们发现，就八个子案例企业而言，华海工贸、神木电化、神木富油这三家企业的国有和民营双方股东依赖关系是民营依赖国有；仅美联美一家企业的国有和民营双方股东依赖关系是国有依赖民营；北元化工、龙华矿业、神木能源、陕煤供应链四家企业的国有和民营双方股东依赖关系是相互依赖（见表4-1），编码结果见表4-2。

表 4-1　　　　　　　　　　混改双方依赖关系一览表

依赖关系	国有需求匹配	民营需求匹配	国有不可替代性	民营不可替代性	企业
民营依赖国有	体制需求匹配 延伸产业链需求	资金需求匹配 体制需求匹配 业务需求匹配 资源需求匹配 发展需求匹配	资源控制权 强大综合实力		华海工贸、神木电化、神木富油
国有依赖民营	技术需求匹配	资金需求匹配 体制需求匹配 合规需求匹配		技术首创性 专业团队	美联美
双方相互依赖	体制需求匹配 延伸产业链需求	资源需求匹配 体制需求匹配 资金需求匹配 生存需求匹配	资源控制权 强大综合实力	技术优势 产业链 品牌优势 理念优势	北元化工、龙华矿业、神木能源、陕煤供应链

表 4-2　　　　　　　　　　混改双方依赖关系数据编码

主范畴	副范畴	概念化	标签	典型证据援引
依赖关系	双方需求—优势匹配	国有需求—优势匹配	技术需求匹配	D41：陕煤要发展信息化、智能化，需要这个领域的技术
				D42：美联美自成立以来，长期致力于研究开发煤矿智能化建设与人工智能、大数据、物联网、5G技术等，在高科技领域成果显著

续表

主范畴	副范畴	概念化	标签	典型证据援引
依赖关系	双方需求—优势匹配	国有需求—优势匹配	体制需求匹配	D52：陕煤和华海工贸合作，主要想利用它的"狼性"和市场化的手段，它在关系资源方面相对来说更灵活
				D12：陕煤通过与民营方的合作来探索管理方面的进步
				D31：陕煤想利用民营方灵活管理、简洁高效的优势，提高效率
			产业链需求匹配	D52：民营方和陕煤的合作是以油罐车的业务量为基础。合作之初，油品业务一年能为华海工贸带来四五亿元的收入，陕煤想借华海工贸这个平台扩展运输方面的业务
				D11：对陕煤而言，这是企业多元发展的需要，是陕煤做大做强的需要；而北元化工在盐化工方面先行一步，有自己的优势
				D62：陕煤供应链立足国内、国外两个市场，坚持融入上游资源地，嵌入下游消费区，有利于陕煤在全球范围的贸易布局
				D72：陕煤为了加快陕北地区的煤炭、化工产业布局，希望借助一些成熟的企业来快速进入陕北地区
				D71：神木电化于 1996 年成立，自成立以来就在陕北地区做火力发电相关业务，对当地和相关企业特别熟悉
		民营需求—优势匹配	资金需求匹配	D41：一些大的项目在运行时需要大量的资金，会有资金缺口，而陕煤能够为其提供所需要的资金
				D23：企业要扩展煤化工领域的业务需要大量的资金，而我们存在资金不足的问题，因此选择和陕煤合作
				D11：北元化工需要大量的资金来扩大规模。和陕煤合作后，其注册资本规模扩大到 16 亿元。此外，陕煤还为北元化工提供担保，降低了其融资难度

主范畴	副范畴	概念化	标签	典型证据援引
依赖关系	双方需求—优势匹配	民营需求—优势匹配	合规需求匹配	D41：与陕煤合作，提高了美联美的合规性，更容易得到客户的认可
				D31：与陕煤合作，更多的是想要接触一些更前沿的管理理念，从而提升自己
				D42：国有企业是很规范的，在决策流程、项目管理等方面都有一系列的管理制度与政策
				D81：在与陕煤合作过程中，引入了陕煤规范的制度和先进的生产技术
			生存需求匹配	D31：通过与陕煤合作，走出了因化工产品滞销所带来的企业生存危机
			体制身份需求匹配	D42：陕煤作为国有方，为民营方提供了可依靠的体制平台，集团内部也有很多的政策倾斜
				D81：陕煤的体制优势使合作后的龙华矿业在项目报批中获得了政策上的倾斜
			业务发展需求匹配	D53：油罐车业务不断萎缩，需要开发新的业务来赢利，和陕煤合作，扩展了华海工贸的业务范围
				D71：民营经济实力不强，通过与陕煤合作，使企业发展壮大
	资源不可替代性	民营不可替代性	技术首创性	D43：美联美建成复杂地质条件下首套国产化智能化放顶煤工作面，为智能化综采放顶煤开采提供了技术领先的综合技术解决方案
			供应链资源	D61：陕煤供应链是国内领先的大宗商品供应链服务企业，拥有很多国内、国际资源，陕煤煤炭运输的国际市场就是在与其混改之后发展起来的
			资源优势	D81：煤炭质量、产量、坑位等优势是其他企业没有的
			产业链优势	D13：北元化工是陕北第一家聚氯乙烯企业，也是当地品牌企业
				D33：神木能源已经形成了完整的煤—焦—电—化一体化循环经济产业链，产业链上的兰炭、电石、兰炭尾气发电均处于行业先进水平

续表

主范畴	副范畴	概念化	标签	典型证据援引
依赖关系	资源不可替代性	民营不可替代性	品牌优势	D33：神木能源是新型能源环保型煤化工企业，符合陕西省委、省政府关于陕北能源化工基地"三个转化"的战略决策和部署
				D13：北元化工是榆林当地的品牌企业，在 PVC 行业有一定声誉
		国有不可替代性	综合实力强	D51：和陕煤合作之后，在陕煤的帮助之下，企业扩展了业务，提高了业务能力
				D73：陕煤是世界 500 强企业，有强大的实力，与陕煤合作是民营股东所向往的

（1）民营依赖国有

在华海工贸、神木电化、神木富油这三家企业，国有方所提供的资源独特性更高，民营股东对国有股东的依赖更大。一方面，体现为彼此优势资源与需求的匹配。从国有方陕煤来看，一是陕煤优化管理体系的需求与民营方灵活管理的优势相匹配。对华海工贸来说，"陕煤和华海工贸合作，主要想利用它的'狼性'和市场化的手段，它在关系资源方面相对来说更灵活"（D52）。二是陕煤产业链延伸需求与民营方已有业务基础优势相匹配。比如，"合作之初，油品业务一年能为华海工贸带来四五亿元的收入，陕煤想借华海工贸这个平台扩展运输方面的业务"（D52）；对神木电化来说，"陕煤为了加快陕北地区的煤炭、化工产业布局，希望借助一些成熟的企业来快速进入陕北地区"（D72），而"神木电化于 1996 年成立，自成立以来就在陕北地区做火力发电相关业务，对当地和相关企业特别熟悉"（D71）。对民营方来说，其对于资金、体制身份、合规性、业务扩展、企业发展的需求与陕煤的优势相匹配。例如，华海工贸的"油罐车业务不断萎缩，需要开发新的业务来赢利"（D53）；神木富油在发展过程中遇到资金困难，需要融资（D23）；神木电化则是为了扩大企业规模，其创始人认为"民营经济实力不强"（D71）。而陕煤作为国有特大型能源化工企业，其体制优势、资源优势以及规模优势有助于与之合作的民营企业走出困境。例如，"华海工贸的很多利益其实都是陕煤创造的"（D52），神木电化通过"与陕煤合作，使企业发展壮大"（D71）。另一方面，可以看出，国有方所掌握的资源控制权，在民营企业遇到困境和瓶颈时提供了强大坚实的业务、资金、资源支持，具有非常高的不可替代性。例如，华海工贸和陕煤合作之后，在陕煤的帮助之下，企业扩展了业务，提高了业务能力（D51）；神木电化的民营董事谈道，"陕煤是世界500强企业，有强大的实力，与陕煤合作是民营股东所向往的"（D73）。

（2）国有依赖民营

在美联美，在双方合作需求相匹配的基础上，民营方所提供的资源独特性相对更高，国有股东对民营股东的依赖更大，主要体现在两个方面。一是彼此资源优势与对方资源需求恰好匹配，为推行混改提供资源基础。国有股东对煤矿高科技技术的需求与民营方先期积累的技术优势和业务优势恰好匹配，"陕煤要发展信息化、智能化，需要这个领域的技术"（D41），而"美联美自成立以来，长期致力于研究开发煤矿智能化建设与人工智能、大数据、物联网、5G技术等，在高科技领域成果显著"（D42）。同时，民营股东在发展中遇到的资金困境、合规性需求以及民营身份劣势恰好与国有股东强大的资金优势、管理优势和体制优势相匹配。就资金需求而言，正如美联美的民营董事所说，"一些大的项目在运行时需要大量的资金，会有资金缺口，而陕煤能够为其提供所需要的资金"（D41）；就合规性而言，"国有企业是很规范的，在决策流程、项目管理等方面都有一系列管理制度与政策"（D42），"与陕煤合作，提高了美联美的合规性，更容易得到客户的认可"（D41）；就体制身份而言，而"陕煤作为国有方，为民营方提供了可依靠的体制平台，集团内部也有很多的政策倾斜"（D42）。二是民营方所提供资源的不可替代性。在合作中，资源的不可替代性越高，意味着话语权越大。美联美"建成复杂地质条件下首套国产化智能化放顶煤工作面，为智能化综采放顶煤开采提供了技术领先的综合技术解决方案"（D43），其技术首创性、团队专业性，以及行业领先龙头企业联想作为股东之一的背书，都是合作中潜在合作者难以替代的优势。

（3）双方相互依赖

北元化工、神木能源、龙华矿业、陕煤供应链这四家企业的民营股东和国有股东，在合作需求相匹配的基础上，各自都提供了独特性资源，双方的合作相互依赖。一方面，双方资源需求优势相互匹配。从国有方来看，一是陕煤产业链延伸需求与民营方已有业务基础优势相匹配。例如，陕煤与北元化工合作可以有效利用"北元化工在盐化工方面先行一步的业务优势"（D11），以拓展在盐化工领域的产业链条；与龙华矿业合作是基于"龙华已有的煤炭资源优势"（D81）；与陕煤供应链的合作则是因为其民营股东"立足国内、国外两个市场，坚持融入上游资源地，嵌入下游消费区，有利于陕煤在全球范围的贸易布局"（D62）。二是陕煤管理体系优化需求与民营方的灵活优势相匹配。陕煤希望"通过与民营方的合作来探索管理方面的进步"（D12），与其混改的民营企业，不论是北元化工、龙华矿业还是神木能源，其管理体系都较为灵活，决策高效。从民营方来看，民营股东的业务拓展、资金、合规化需求与国有优势相匹配。例如，"北元化工需要大量的资金来扩大规模。和陕煤合作后，其注册资本规模扩大到 16 亿元。此外，陕煤还为北元化工提供担保，降低了其融资难度"（D11）；神木能源"通过与陕煤合作，走出了因化工产品滞销所带来的企业生存危机"（D31）；龙华矿业"在与陕煤合作的过程中，引入了陕煤规范的制度和先进的生产技术"，"陕煤的体制优势使合作后的龙华矿业在项目报批中获得了政策上的倾斜"（D81）。另一方面，双方各自均具有不可替代的资源。陕煤作为国有方，其强大的综合实力不可替代，而这四家企业作为民营方，在产业链、品牌、技术等方面均有很强的不可替代性。例如，北元化工是"陕北第一家聚氯乙烯企业，是榆林当地的品牌企业，在 PVC 行业有一定声誉"（D13）；神木能源"已经形成了完整的煤—焦—电—化一体化循环经济产业链，产业链上的兰炭、电石、兰炭尾气发电均已处于行业先进水平"（D33），而且"神木能源是新型能源环保型煤化工企业，符合陕西省委、省政府关于陕北能源化工基地'三个转化'的战略决策和部署，符合能源综合利用和发展循环经济的要求"（D33）；龙华矿业的"煤炭质量、产量、坑位等优势是其他企业没有的"（D81）；陕煤供应链是"国内领先的大宗商品供应链服务企业，拥有很多国内、国际资源，陕煤煤炭运输的国际市场就是和其混改之后发展起来的"（D61）。

4.2.2 控制权配置

我们发现，就八个子案例企业而言，只有美联美一家企业的控制权配置为民营占优的放权模式；宝鸡华海、神木电化、神木富油这三家企业的控制权配置为国有占优的集权模式；北元化工、陕煤供应链、龙华煤矿、神木能源发展这四家企业的控制权配置为均衡的分权模式。具体编码结果见表4－3。

表4－3　　　　　　　　　　　控制权配置编码

主范畴	副范畴	概念化	标签	典型证据援引
民营占优的放权模式	自主治理	民营控制股权	国有参股	D41：陕煤只占美联美15%的股份
			民营相对控股	D43：民营方（美联美）掌握了多数股份，有一定话语权
		民营主导董事会	席位民营绝对占优	D41：因为陕煤占股少，所以陕煤只派了一位董事，董事会成员大多是民营方的
			体现民营意志	D41：董事会决策基本上能实现民营方的意愿
		民营控制经理层	经营班子民营占优	D41：民营方提名总经理，然后上董事会选举；副总经理由总经理提名，经董事会批准
			民营控制经营权	D43：日常经营管理都由民营方决策，陕煤几乎不参与企业的一些具体项目决策
	价值型行政管控	价值管理	权力下放	D41：陕煤对美联美只是参股，所以经营权、财权、人事权都是美联美的，经营的灵活度比较高
			目标管理	D43：陕煤在确保国有资产保值增值的前提下，提出了明确的经营目标要求

续表

主范畴	副范畴	概念化	标签	典型证据援引
国有占优的集权模式	治理控制	国有控制股权	国有相对控股	D21：陕煤绝对控股，占55%的股份，民营占45%
				D61：陕煤相对控股，占40%的股份，是第一大股东
				D81：按照股权比例，陕煤控股，华龙占40.83%，陕煤占59.17%
			民营股权让步	D52：与民营方合作时，为了确保国有方的股权控制，民营方在股权和估值方面都做了很大的让步
			引入制衡股东	D53：基本上没有怎么溢价就把铁路局拉进来了，相对来说民营方就是第二大股东
		国有主导董事会	董事会意志实现	D72：民营方可以在董事会上发表意见、投票，但是实际经营过程中还是以国有大股东的意见为主
			董事会席位国有相对占优	D52：董事会的七个席位中，陕煤占四个席位，铁路局占两个席位，民营方只占一个席位
				D21：董事会席位一共有五个，陕煤占三个，民营方占两个
				D62：董事席位一共有五个，陕煤有三个，民营有两个
		国有主导经营	经营班子国有占优	D53：创始人担任总经理，陕煤派人进入经理层
				D73：章程修改后，国有方是董事长、总经理、党委书记一肩挑
			国有控制经营权	D52：民营总经理进行人事变动，没有董事长签字，是很难实现的
	过程型行政管控	过程管理	董事会议题管控	D21：陕煤规定所有下属企业召开董事会前都要把议题议案报上去，集团先审核
			考核管控	D51：现在把华海工贸纳入二级单位里，需要进行二级单位的考核检查
			决策流程管控	D21：现在做决策需要每一个股东都同意，形成文件给集团，再层层上报，增加了决策环节
			人员招聘管控	D71：人员招聘要按照企业的制度执行，招聘前要上报集团审批，集团根据工作岗位的需要，通过审批后进行招聘

续表

主范畴	副范畴	概念化	标签	典型证据援引
均衡的分权模式	治理制衡	股权制衡	国有相对控股	D12：陕煤在北元化工处于相对控股地位，陕煤股份占比为43%
				D61：在陕煤供应链，陕煤占股51%，民营方占股49%
				D82：陕煤占股30%，另外三个民营股东各占股28%、27%、18%，表面上陕煤是控股股东
			民营合力制衡	D13：北元化工股东分散，有利于表达意见，合力发挥作用，每次在正常召开股东会之前，民营股东会提前开会讨论，形成一致意见
				D33：四个民营股东合起来占股60%，在一定程度上有话语权
			股东会意见充分表达	D62：股东会上大家可以充分表达自己的意见，发挥国有股东和民营股东的权利
			股东会流程规范	D82：需要通过股东会表决的事情都是按章程执行的，公开透明
		董事会制衡	董事会议事规则	D11：董事会的议事规则有一套很完备的制度
			双方席位相对平衡	D13：董事会有七个董事席位，国有方占四个席位，民营方占三个席位
				D33：董事会中，四家民营企业各派一个董事，陕煤派了三个董事
			董事意见充分表达	D61：在董事会，每一位董事的意见都能充分表达
		经理层制衡	民营方选聘	D11：总经理由民营方选聘委派
			市场化选聘	D61：陕煤派来的人比较少，员工大多都是通过市场化招聘而来的
				D32：有些经理人由集团委派，有些经理人员，比如管生产和安全的两位副总，由市场化竞聘而来
			经理人员协商决定	D81：陕煤先推荐总经理，经过董事会同意后委派担任，因此双方合作得很好
	战略型行政管控	战略管理	综合管控	D81：企业的管理大方向是按照陕煤和国资委的相关要求进行，但是一些内部决策是按照企业自身的制度来执行的
			政策支持	D11：陕煤会在人员招聘、财务管理的优化等方面给予建议与支持

（1）民营占优的放权模式

美联美的控制权配置属于民营占优的放权模式。一方面，治理模式呈现出自主治理的特点，即企业在治理方面拥有自主权和独立性，在治理过程中自主决策、自主行动，不受外部干预或控制。在股东会层面，陕煤只是参股美联美，拥有其15%的股份，而民营方持有44%的股份；在董事会层面也基本能实现民营方的意志，"因为陕煤占股少，所以陕煤只派了一位董事，董事会成员大多是民营方的"（D41）；在经理层也是民营占优，"民营方提名总经理，然后上董事会选举；副总经理由总经理提名，经董事会批准"（D41）；同时，经营权也由民营控制，"日常经营管理都由民营方决策，陕煤几乎不参与企业的一些具体项目决策"（D43）。另一方面，国有方的行政管控是价值型管控。陕煤对美联美实行目标管理，日常经营完全放权，"在确保国有资产保值增值的前提下，提出了明确的经营目标要求"，同时因为"陕煤对美联美只是参股，所以经营权、财权、人事权都是美联美的，经营的灵活度比较高"（D43）。

（2）国有占优的集权模式

神木富油、华海工贸、神木电化这三家企业属于国有占优的集权模式。首先，治理模式呈现出治理控制的特点，即在企业治理过程中，国有方对企业的经营管理进行监督、指导和约束，以确保企业的经营行为符合治理要求，主要表现在三个方面。一是国有方通过相对或绝对控股而主导股权。陕煤掌握神木富油55%的股份，华海工贸47%的股份，神木电化59%的股份。相应地，民营方在股权方面难以形成合力，这进一步强化了国有方的股权控制。例如，对华海工贸来说，尽管引入了制衡股东，但由于股权评估让步，也强化了国有方的股权控制。二是国有方通过占有更多的席位来主导董事会并有效实现国有意志。例如，华海工贸董事会的"七个席位中，陕煤占四个席位，铁路局占两个席位，民营方只占一个席位"（D52）。三是国有方通过经营班子人选以及日常经营权控制来主导经营。例如，在神木电化，董事长、总经理、党委书记等经营班子人员都来自国有方；同时，日常经营管理也几乎被国有方控制。在华海工贸，"民营总经理进行人事变动，没有董事长签字，是很难实现的"（D52）。其次，国有方实行严格的过程型行政管控，人员招聘、决策流程、制度体系、董事会议题及绩效考核等方面的严格管控，这在三家企业均有体现。例如，在神木富油，"陕煤规定所有下属企业召开董事会前都要把议题议案报上去，集团先审核"（D21）；在神木电化，"人员招聘要按照企业的制度执行，招聘前要上报集团审批，集团根据工作岗位的需要，通过审批后进行招聘"（D71）；神木富油的决策流程也体现了严格的管控，"现在做决策需要每一个股东都同意，形成文件给集团，再层层上报，增加了决策环节"（D21）；对华海工贸而言，被陕煤"纳入二级单位，需要进行二级单位的考核检查"（D51）。

（3）均衡的分权模式

北元化工、陕煤供应链、龙华矿业、神木能源四家企业的控制权配置为均衡的分权模式。一方面，治理模式呈现出治理均衡的特点，即企业在治理结构和决策过程中，努力实现各利益相关方之间的平衡与协调，确保企业的可持续发展和长期稳定，主要体现在股权制衡、董事会制衡以及经理层制衡三个方面。在股权方面，虽然国有方相对控股，但股东会流程规范，民营股东意见充分表达，并形成合力制衡国有方。例如，龙华矿业股东会议事流程规范，"需要通过股东会表决的事情都是按章程执行，公开透明"（D82）；在陕煤供应链，"股东会上大家可以充分表达自己的意见，发挥国有股东和民营股东的权力"（D62）；在北元化工，"每次在正常召开股东会之前，民营股东会提前开会讨论，形成一致意见"（D13）；在神木能源，"四个民营股东合起来占股60%，在一定程度上有话语权"（D33）。在董事会层面，国有方和民营方的席位相对平衡，议事规则规范，各方意见充分表达。例如，在神木能源，"董事会中，四家民营企业各派一个董事，陕煤派了三个董事"（D33）；在北元化工，"董事会有七个董事席位，国有方占四个席位，民营方占三个席位"（D13），"董事会议事规则有一套很完备的制度"（D11）；在陕煤供应链的董事会，"每一位董事的意见都能充分表达"（D61）。经理层则是由民营方选聘或双方协商选聘。例如，在北元化工，"总经理由民营方选聘委派"（D11）；在龙华矿业，"陕煤先推荐总经理，经过董事会同意后委派担任，因此双方合作得很好"（D81）；陕煤供应链实现市场化选聘，"陕煤派来的人比较少，员工大多都是通过市场化招聘而来的"（D61）；在神木能源，"有些经理人由集团委派，有些经理人员，比如管生产和安全的两位副总，由市场化竞聘而来"（D32）。另一方面，国有方采取以政策管控和支持为特点的战略型行政管控，根据企业的具体情况制定不同的管控政策，同时给予资金、管理、人才等各种支持。例如，对北元化工而言，"陕煤会在人员招聘、财务管理的优化等方面给予建议与支持"（D11）；在龙华矿业，"企业的管理大方向是按照陕煤和国资委的相关要求进行，但是一些内部决策是按照企业自身的制度来执行的"（D81）。

4.3 国有董事身份建构

4.3.1 边缘化身份建构策略

不同的权力结构情境会影响国有董事身份动机，进而影响其身份建构策略（包建华，2013）。当国有依赖民营，控制权配置为民营占优的放权模式时，这是一个有利于民营方的权力结构情境。此种情境下，国有董事的身份识别存在盲区，因此采取边缘化建构策略，以缓解双重社会身份识别盲区。所谓边缘化策略，是指国有董事同时保留国有和混改两种身份，但都不作为其主要身份，而是更关注其他企业身份。美联美国有董事就是采取边缘化身份建构策略的典型例子，如图 4-3 所示，编码如表 4-4 所示。

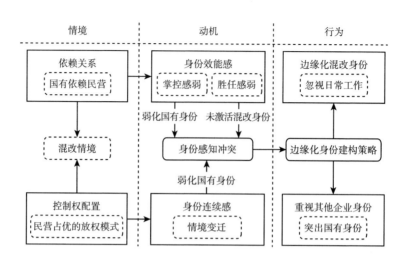

图 4 - 3　国有董事边缘化身份建构过程

表 4 - 4　　　　　　　国有董事身份建构过程编码

主范畴	副范畴	概念化	标签	典型证据援引
身份动机	身份效能感	情境掌控感弱	业务监督	D42：国有方占股少，在公司话语权不大，主要起监督作用
			民营方把控方向	D82：民营方担任董事长，陕煤也很认可
			双方需要协调	D12：一些比较小的问题容易协调，但是遇到一些大问题时，需要双方通过沟通解决
			决策制度规范	D62：在陕煤供应链，决策都是按照制度规定进行的，很规范，公开透明
		情境掌控感强	民营方迎合	D52：混改企业中，民营方需要服从国有的业务运行模式，这样才能获得国有方更大的业务支持
			国有掌握决策权	D72：日常决策需要征求大股东的意见，例如人员招聘都是按国有意见来执行
				D23：混改企业本身没有决策权，陕煤委派的董事是按照陕煤的意见来进行表决的
		情境胜任感弱	积极评价民营方	D42：民营总经理很专业，深耕于这个行业
			自我评价谦逊	D42：与民营方相比，对于高科技企业的管理来说，国有股东并不擅长

续表

主范畴	副范畴	概念化	标签	典型证据援引
身份动机	身份效能感	情境胜任感强	对国有方积极评价	D12：我在国有企业工作感到很轻松，有时学习培训十天半个月，我走之后，谁干什么基本上都会按照计划执行
				D72：国有企业讲究决策规范化，能够规避决策风险
			对民营方消极评价	D12：在混改企业，规范制度和企业文化的形成需要一个过程，工作中需要注意的事项就比较多
				D52：华海原来规模比较小，业务比较简单，决策比较随意
			对混改后企业积极评价	D13：混改后，企业管理总体上来说逐步走向规范化，主要通过制度、集体领导来管理
			对自我积极评价	D32：民营股东对国有股东比较信任，国有方有能力治理好企业
	身份连续感	情境复制	合规性更强	D22：混改后，企业完全就是纯国有模式，甚至可以说比纯国有还要国有化，特别注重合规性
			管理制度复制	D22：在混改之初，双方就商议好管理制度都严格按照陕煤的制度来执行
			管理流程复制	D71：企业几乎都是按照陕煤的制度流程管理，决策要开会，逐级上报
			民营方行为国有化	D52：在公司，民营方也愿意按国有企业的行为方式要求自己，比如车改的时候，他（民营创始人）非得要一辆按职务级别标准配置的车，他认为这样才能和国有方"打成一片"
		情境变迁	弱化国有体系	D41：高科技公司需要高薪吸引技术人才。如果由陕煤来招聘技术人才，给50万元还需要审批，就可能会错失高水平的人才；如果由民营方快速决策，就会给100万元，能够抓住人才
			维持民营体系	D43：陕煤给了美联美很大的自主权，混改后，企业采取的还是民营的管理制度
			改变原有体系	D62：混改后的企业是一个独立的个体，制度体系都是按照公司治理规范重新制定的
		情境探索	探索新体制	D81：合作之后，双方需要不断探索新的公司运营机制，既不能照搬国有体制下的制度框架，也不能简单沿用民营机制

续表

主范畴	副范畴	概念化	标签	典型证据援引
身份建构策略	边缘化建构策略	边缘化混改有关身份	忽略日常工作	D42：美联美日常经营决策我们国有方都不参与，我日常的工作重心也是在重装（国有方）这边
		重视其他企业身份	突出国有身份	D42：我是重装（其他企业）董事长，我介绍我自己还是国有单位董事长
	强化型建构策略	身份延续	承认国有身份	D23：我原来在上级国有集团工作，我愿意承认我的国有身份
		强调影响力	国有身份重要性	D72：我一般都会强调国有身份的重要性，现在混改企业发展都变成了国有化的模式
		同化对方	引导民营改变	D53：混改之后，通过国有方的业务支持，让民营方意识到国有方合作的实力与合作诚意，逐步引导民营方的经营方式和行为模式向国有方靠拢
			利益引导	D52：混改之后，陕煤不断给华海工贸提供业务，先是规范公司原有的业务，把业务做精，实现效益最大化，然后在这个基础上再扩展新的业务
	融合型建构策略	积极融入	倾向混改身份	D12：我愿意说我是北元化工的董事长，我还经常在一些地方宣传北元化工
		价值发挥	为公司谋取利益	D32：我是为公司的利益与发展，是为了整个公司谋取利益
			摒除私心杂念	D12：在混改企业，始终保持一颗公心，站在合规、合法、公正的立场上工作，任何人在混改企业都可以做好
		将企业看成一个整体	以混改企业为主	D82：混改以后，龙华矿业就是一个具有独立治理结构的现代化公司

（1）依赖关系与身份效能感动机

效能感动机包括胜任感和掌控感两个方面，是指个体在其社会或文化身份背景下，对自身控制力和是否能够完成目标的感知，以及这种感知如何影响个体行为（Vignoles，2006）。当国有依赖民营时，民营方掌握更多权力，国有董事感知的情境掌控感与情境胜任感都更弱。情境掌控感弱会使其国有身份弱化，而情境胜任感弱也未能激活其混改身份。一方面，由于情境掌控感弱，国有董事主要起到监督作用。例如，美联美国有董事说，"国有方占股少，在公司话语权也不大，主要起监督作用"（D42）。另一方面，由于情境胜任感弱，国有董事对民营方的评价较为积极，对自我的评价则相对谦逊。美联美国有董事在提到民营方创始人时说，"民营总经理很专业，深耕于这个行业"，"与民营方相比，对于高科技企业的管理来说，国有股东并不擅长"（D42）。

（2）控制权配置与身份连续感动机

连续感动机是指自我概念跨情境的一致性（Vignoles，2006）。当个体所面临的环境发生重大变化时，个体可能会调整身份以适应新环境，在这个过程中，连续感动机对其想要成为什么样的人产生影响（Vignoles，2008）。当控制权配置为民营占优的放权模式时，国有管理体系弱化或者继续维持民营管理体系，国有董事所面临的身份情境发生变迁，导致身份连续感减弱，会使其国有身份弱化。比如，美联美作为高科技公司，"需要高薪吸引技术人才。如果由陕煤来招聘技术人才，给 50 万元还需要审批，就可能会错失高水平的人才；如果由民营方快速决策，就会给 100 万元，能够抓住人才"（D41）；因此"陕煤给了美联美很大的自主权，混改后，企业采取的还是民营企业的管理制度"（D43）。

（3）身份张力感知与身份建构策略

国有依赖民营，控制权配置为民营占优的放权模式时，身份效能感动机中，较弱的掌控感弱化了国有董事的国有身份认知，而较弱的胜任感也未能激活其混改身份认知；同时，由于身份情境的迁移，其身份连续感也较弱，进一步弱化了国有董事的国有身份认知。因此，国有董事身份识别出现盲区，即其国有身份弱化，且混改身份未激活。面对双重身份感知的识别盲区，国有董事采用了边缘化身份建构策略，即同时保留两种身份，但都不作为其主要身份，而更关注其他身份。具体来说，有两种策略。一是边缘化混改企业相关的双重身份，忽略日常的管理工作，把工作中心放在其他企业，

"美联美日常经营决策我们国有方都不参与，我日常也是在重装①这边"（D42）。二是突出其他企业身份，"我是重装（其他企业）的董事长，我介绍我自己还是国有单位董事长"（D42）。

4.3.2　强化型身份建构策略

当民营依赖国有，控制权配置为国有占优的集权模式时，这是一个有利于国有方的权力结构情境。此种情境下，国有董事的国有身份和混改身份识别之间存在冲突，因此采取强化型建构策略，以缓解双重社会身份的冲突。所谓强化型策略，是指个体通过感知了解自己的身份特征，对其认为更加重要的身份给予持续关注、重视并不断发挥其重要作用。对于国有董事来说，强化型策略是指国有董事通过身份感知意识到国有身份的重要性及其发挥的积极作用，从而不断强化其国有身份，忽略其混改身份。华海工贸、神木电化、神木富油的国有董事正是采取了此种策略，具体如图4-4所示，编码如表4-4所示。

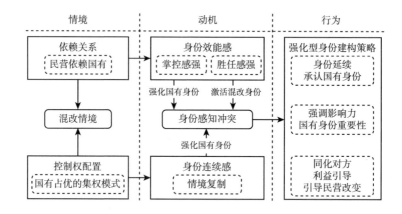

图4-4　国有董事强化型身份建构过程

---

① 重装，全称为西安重装智慧矿山工程技术有限公司，系陕煤化集团旗下西安重工装备制造集团全资子公司，成立于2014年，公司作为陕西省高新技术企业，是一家轻资产的科技公司，致力于"智慧矿山"品牌建设（资料来自西安重装智慧矿山工程技术有限公司官网，https://www.xzkjit.com）。

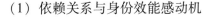

（1）依赖关系与身份效能感动机

当民营依赖国有时，国有方在双方关系中掌握更多权力，国有董事的情境掌控感与情境胜任感都很强，即身份效能感动机增强。情境掌控感强则强化了其国有身份，而情境胜任感强也激活了其混改身份。一方面，国有董事情境控制感强体现为国有方对决策权的掌控、对业务的绝对掌控以及民营方的迎合。例如，在神木电化，"日常决策需要征求大股东的意见，例如人员招聘都是按国有方意见来执行"（D72）；而在神木富油，"混改企业本身没有决策权，陕煤委派的董事是按照陕煤的意见来进行表决的"（D23）；在华海工贸，国有方拥有对业务的绝对控制权，"混改企业中，民营方需要服从国有方的业务运行模式，这样才能获得国有方更大的业务支持"（D52）。另一方面，国有董事的情境胜任感强体现为对国有方的积极评价以及对民营方的消极评价。例如，神木电化的国有董事认为，"国有企业讲究决策规范化，能够规避决策风险"（D72）；华海工贸的国有董事则认为，"华海原来规模比较小，业务比较简单，决策比较随意"（D52）。

（2）控制权配置与连续感动机

当控制权配置为国有占优的集权模式时，对国有董事而言，意味着其身份情境的复制，因此身份连续感增强，其国有身份得以强化。情境复制主要体现在四个方面。一是合规性更强。例如，神木富油的国有董事认为，"混改后，企业完全就是纯国有模式，甚至可以说比纯国有还要国有化，特别注重合规性"（D22）。二是管理制度的复制。例如，神木富油"在混改之初，双方就商议好管理制度都严格按照陕煤的制度执行"（D22）。三是管理流程的复制。例如，神木电化"几乎都是按照陕煤的制度流程管理，决策要开会，逐级上报"（D71）。四是民营方的国有化。例如，华海工贸的民营董事"也愿意按照国有企业的行为方式要求自己，比如车改的时候，他（民营创始人）非得要一辆按职务级别标准配置的车，他认为这样才能和国有方'打成一片'"（D52）。

（3）身份张力感知与身份建构策略

当民营依赖国有，控制权配置为国有占优的集权模式时，身份效能感动机增强，强的掌控感强化了国有董事的国有身份认知，强的胜任感也激活了其混改身份认知；同时，由于身份情境的复制，其身份连续感也增强，进一步强化了国有董事的国有身份认知。因此，国有董事身份识别上出现双重身份间冲突，即其国有身份强化的同时，混改身份被激活。面对身份感知和识别的冲突，国有董事采用了强化型的身份建构策略，即强化其国有身份，忽略混改身份，主要有三个策略。一是身份延续。例如，神木富油的国有董事谈道，"我原来在上级国有集团工作，我愿意承认我的国有身份"（D23）。二是强调国有身份的重要性和影响力。例如，神木电化的国有董事说，"我一般都会强调国有身份的重要性，现在混改企业发展都变成了国有化的模式"（D72）。三是通过利益引导来同化民营方。例如，华海工贸的国有董事谈道，"混改之后，陕煤不断给华海工贸提供业务，先是规范公司原有的业务，把业务做精，实现效益最大化，然后在这个基础上再扩展新的业务"（D52），"混改之后，通过国有方的业务支持，让民营方意识到国有方合作的实力与合作诚意，逐步引导民营方的经营方式和行为模式向国有方靠拢"（D53）。

4.3.3 融合型身份建构策略

当双方相互依赖，控制权配置为均衡的分权模式时，这是一种兼顾双方的权力结构情境。此种情境下，国有董事在国有身份与混改身份识别方向上一致，因此会采取融合型建构策略，以实现双重社会身份的有效整合。所谓融合型策略，是指个体在多身份的环境中，理解不同身份之间的差异，探索不同身份之间的共同价值观和目标，以实现不同身份的平衡和整合。对于国有董事而言，融合型策略是指国有董事充分理解其原国有身份与混改身份的不同，强调其共同目标，将企业看成一个整体，积极融入混改企业并以新的混改身份来进行自我定义。北元化工、龙华矿业、神木能源、陕煤供应链的国有董事正是采取了此种策略,如图 4-5 所示,编码如表 4-4 所示。

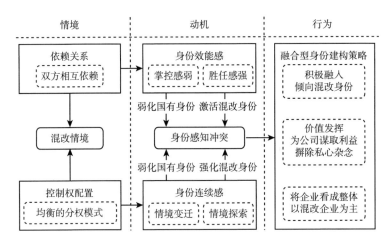

图 4-5 国有董事融合型身份建构过程

(1) 依赖关系与效能感动机

当双方相互依赖时,国有董事身份效能感动机中,其掌控感减弱,胜任感增强,弱的掌控感弱化了国有身份,而强的胜任感激活了其混改身份。一方面,国有董事情境控制感减弱主要体现在民营方对企业的把控与决策方式的改变。一是企业由民营方把控。例如,在龙华矿业,"民营方担任董事长,陕煤也很认可"(D82)。二是以往的决策方式发生改变。例如,北元化工改变了以往的决策方式,决策需要双方协调沟通,"一些比较小的问题容易协调,但是遇到一些大问题时,需要双方通过沟通解决"(D12);在陕煤供应链,"决策都是按照制度规定进行的,很规范,公开透明"(D62)。另一方面,国有董事情境胜任感增强主要体现为对国有方的积极评价、对民营方的中肯批评以及对混改企业的积极评价。例如,北元化工的国有董事说,"我在国有企业工作感到很轻松,有时学习培训十天半个月,我走之后,谁干什么基本上都会按照计划执行。但是在混改企业,规范制度和企业文化的形成需要一个过程，工作中需要注意的事项就比较多"（D12）；"混改后，企业管理总体上来说逐步走向规范化，主要通过制度、集体领导来管理"（D13）。神木能源的国有董事也谈道，"民营股东对国有股东比较信任，国有方有能力治理好企业"（D32）。

（2）控制权配置与连续感动机

当控制权配置为均衡的分权模式时，国有董事身份连续感主要表现为身份情境变迁与身份情境探索。身份情境变迁是指，对于国有董事而言，从原有的国有环境到新的混改环境的身份变迁，意味着国有身份连续感变弱。例如，陕煤供应链"是一个独立的企业，制度体系都是按照公司治理规范重新制定的"（D62）。身份情境探索是指国有董事对新的混改身份环境的尝试和挑战，意味着对新的混改身份连续感的渴望。比如，在龙华矿业，"合作之后，双方需要不断探索新的公司运营机制，既不能照搬国有体制下的制度框架，也不能简单沿用民营机制"（D81）。

（3）身份张力与身份建构策略

当双方相互依赖，控制权配置为均衡的分权模式时，国有董事的身份效能感动机驱动方向一致，弱的掌控感弱化了其国有身份认知，强的胜任感激活了其混改身份认知；此外，身份连续感动机驱动方向也是一致的，身份情境变迁也弱化了其国有身份，而新的身份情境探索又进一步强化了其混改身份。也就是说，两种身份动机对国有董事的身份识别的驱动方向都是一致的，即在弱化国有身份的同时，混改身份被激活。此种情境下，国有董事采用了融合型的身份建构策略，即将混改企业看成一个整体，逐步弱化其国有身份，强调其在混改企业中的身份，主要有三个策略。一是积极融入混改企业。例如，北元化工的国有董事说，"我愿意说我是北元化工的董事长，我还经常在一些地方宣传北元化工"（D12）。二是积极发挥自身价值，为混改企业谋取利益。例如，神木能源的国有董事说，"我是为公司的利益与发展，是为了整个公司谋取利益"（D32）；北元化工的国有董事说，"在混改企业，始终保持一颗公心，站在合规、合法、公正的立场上工作，任何人在混改企业都可以做好"（D12）。三是将混改企业看成一个整体，凸显其新身份。例如，龙华矿业的国有董事认为，"混改以后，龙华矿业就是一个具有独立治理结构的现代化公司"（D82）。

4.4 民营董事身份建构策略

4.4.1 强化型身份建构策略

当国有依赖民营，控制权配置为民营占优的放权模式时，这是一个有利于民营方的权力结构情境。此种情境下，民营董事的民营身份和混改身份识别之间存在冲突，因此采取强化型建构策略，以缓解双重社会身份的冲突。对于民营董事来说，强化型策略是指民营董事通过身份感知意识到民营身份的重要性以及发挥的积极作用，从而不断强化其民营身份，忽略其混改身份。美联美的民营董事就是采取强化型身份建构策略的典型例子，如图4-6所示，编码如表4-5所示。

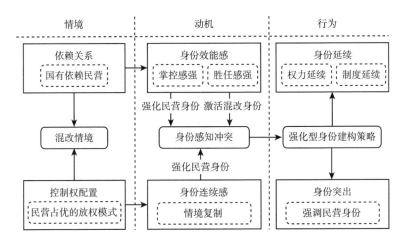

图 4 - 6　民营董事强化型身份建构过程

表 4 – 5   民营董事身份建构过程编码

主范畴	副范畴	概念化	标签	典型证据援引
身份动机	身份效能感	情境掌控感强	掌握日常决策权	D41：陕煤的管理很宽松，目前也只派了一位董事，决策基本上是民营说了算
		情境掌控感弱	业务依赖性强	D51：因为企业的业务是陕煤提供的，如果没有陕煤，华海工贸可能很难持续生存
			缺乏话语权	D51：很多业务决策民营方难以赋能，因此也会积极配合国有方的政策和要求
			工作被束缚	D71：工作中有很多约束，主要是国有流程复杂，即使是很简单的事情，也需要很长的决策流程
			集团融资担保	D21：民营方的意见表达也受到约束，主要因为企业融资需要陕煤担保，所以很多决策基本是民营方妥协
			认可集体决策	D32：有些民营方在合作中认为自己出资就得有决策权，但这在新的混改企业中显然不符程序
			治理结构规范化	D82：对决策由谁决定这类问题，在混改初期，公司章程就要设计好，要按照法人治理结构执行
		情境胜任感弱	对自我谦逊评价	D51：混改以后，企业的管理层更加规范、专业，民营方之前的管理模式缺乏信服力
				D51：混改后引进一大批人才，民营方无论是在管理还是专业能力上都有所欠缺
			对民营消极评价	D71：社会对民营企业有偏见，缺乏认可度
		情境胜任感强	对自我积极评价	D41：企业自创办以来，我一直负责企业的经营管理，我觉得我有能力管好企业
				D41：企业处于高科技领域，需要的人才、技术，民营方更了解
				D61：民营方在企业的管理制度建设、管理执行力上发挥了作用
			对国有积极评价	D11：国有体制认可度高，在融资、政策、人才招收上起到了很好的吸引作用
				D13：合作之后，管理人员比过去有更好的升职空间，也接触到很多前沿的管理理念与优秀的同事
				D31：民营方比较认可这种混改企业新的管理考核模式，这是对自己价值能力正常的考量和回馈

续表

主范畴	副范畴	概念化	标签	典型证据援引
身份动机	身份连续感	情境复制	维持民营体系	D41：美联美的人事、财务及日常的经营决策都是按照原民营企业的那一套管理制度
		情境变迁	管理制度改变	D21：混改后，企业管理制度、管理流程、管理方式都要服从陕煤的要求，与混改前民营方的管理方式有很大的区别
			考核管理	D51：以前作为民营企业，老板自己说了算，自己对自己负责。合作以后，民营老板成了混改企业的总经理，集团对企业、领导班子都有考核要求
			民营积极配合	D23：民营方一直都是积极配合的，不存在什么反对意见或者消极情绪
			模式改变	D11：民营方管理模式发生改变，是根据我们企业的情况制定的新的管理制度与模式
		情境探索	新的管理模式探索	D81：龙华矿业的管理模式是结合了双方优势的独立的管理模式，是属于我们这个混改企业的
			兼顾双方诉求	D12：在管理过程中，除了会考虑集团的制度规范，还会考虑民营方的诉求
				D61：制度的设置要结合国有控股企业的合规要求，同时一定要兼顾市场化机制
身份建构策略	强化型建构策略	身份延续	权力延续	D41：混改后，还是像以前一样，决策权还是民营方的
			制度延续	D41：混改之后，例如管理制度还是原企业的，企业的决策流程也都一样
		身份突出	强调民营身份	D41：因为陕煤占股少，对外不能说是陕煤化集团美联美，只能说是美联美公司
	调整型建构策略	利益判断	合作获益	D51：华海工贸的业务和利益都是从陕煤获取的，和陕煤合作对我们有利
			合作差距大	D71：合作至今，和我当初的期望差距很大，企业规模虽然扩大了，但是并未达到我理想的合作效果
		身份识别	倾向民营身份	D71：我还是觉得我是民营的人，混改身份没有给我带来收益，合作到目前为止，民营方获益较少
			承认混改身份	D51：我很愿意承认混改企业的身份，和陕煤合作对我们有利，我愿意按照混改身份规范我的行为

主范畴	副范畴	概念化	标签	典型证据援引
身份建构策略	融合型建构策略	改变自我	接受规范管理	D11：与别人合作就得接受权力的减少，接受规范的管理，只要把企业做大了，个人的权力大小无所谓
		积极融入	倾向混改身份	D31：我还是更愿意以混改企业的身份来介绍自己，我们在市场上还是有优势的
		价值发挥	为混改企业做贡献	D61：民营方一心为公司的发展出谋划策，包括去扩展市场，为公司的发展做自己力所能及的贡献
		将企业看成一个整体	以混改企业为主	D82：混改双方都不能以各自为主，站在各自小利益上，必须站在这个混改企业的角度看问题，以混改企业的利益为核心

（1）依赖关系下的效能感动机

当依赖民营时，民营董事身份效能感的掌控感和胜任感都很强，即身份效能感动机增强。情境掌控感强则强化了其民营身份，而情境胜任感强也激活了其混改身份。一方面，民营董事情境掌控感强，体现为民营方把握日常决策权。例如，在美联美，"陕煤的管理很宽松，目前也只派了一位董事，决策基本上全是民营方说了算"（D41）。另一方面，情境胜任感强主要体现为对自我的积极评价，民营董事认为自己有能力、有经验管理好企业，正如美联美的民营董事说道，"企业自创办以来，我一直负责企业的经营管理，我觉得我有能力管好企业"（D42）；同时，也认为自己专业知识丰富，对行业比较熟悉，"企业处于高科技领域，需要的人才、技术，民营方更了解"（D41）。

（2）控制权配置下的连续感动机

当控制权配置为民营占优的放权模式时，对民营董事而言，意味着其身份情境的复制，因此身份连续感增强，其民营身份得以强化。情境复制主要体现为维持民营原有体系，正如美联美的民营董事所说，"美联美的人事、财务及日常的经营决策都是按照原民营企业的那一套管理制度"（D41）。

（3）身份张力感知与身份建构策略

当国有依赖民营，控制权配置为民营占优的放权模式时，身份效能感动机增强，强的掌控感强化了民营董事的民营身份认知，强的胜任感也激活了其混改身份认知；同时，由于身份情境的复制，其身份连续感也增强，进一步强化了民营董事的民营身份认知。因此，民营董事身份识别上出现双重身份间冲突，即在民营身份强化的同时，混改身份被激活。面对身份感知和识别的冲突，民营董事采用了强化型的身份建构策略，即强化其民营身份，忽略混改身份，主要有两个策略。一是身份延续，主要是权力与制度的延续，民营董事在混改后依然掌握决策话语权。正如美联美的民营董事所说，"混改后，还是像以前一样，决策权还是民营方的"（D41），决策的制度与流程还是像以前一样。二是身份强化，民营董事更倾向于自己的民营身份，在对外介绍时，突出自己的民营企业身份。例如，美联美的民营董事认为，"因为陕煤占股少，对外不能说是陕煤化集团美联美，只能说是美联美公司"（D41）。

4.4.2 调整型身份建构策略

当民营依赖国有，控制权配置为国有占优的集权模式时，这是一个有利于国有方的权力结构情境。此种情境下，民营董事存在身份识别盲区，会采取调整型建构策略来实现身份建构。所谓调整型策略，是指个体在面对多重身份冲突时，通过自我调整来选择适合自身发展的身份，以适应新的变化的身份情境。对于民营董事而言，调整型策略是指，民营董事基于民营身份和混改身份两种身份特征感知，基于利益判断或自我改变来选择能够满足其利益的身份。华海工贸、神木电化、神木富油的国有董事正是采取了此种策略，具体如图 4-7 所示，编码如表 4-5 所示。

（1）依赖关系与效能感动机

当民营依赖国有时，民营董事身份效能感的掌控感和胜任感都很弱，即身份效能感动机弱。情境掌控感弱则弱化了其民营身份，同时情境胜任感弱也未激活其混改身份。一方面，情境掌控感弱体现为国有方的依赖以及工作中的束缚感。例如，在华海工贸，"因为企业的业务是陕煤提供的，如果没有陕煤，华海工贸可能很难持续生存"，"很多业务决策民营方难以赋能，因此也会积极配合国有的政策和要求"（D51）；神木电化的民营董事认为，"工作中有很多约束，主要是国有流程复杂，即使是很简单的事情，也需要很长的决策流程"（D71）；神木富油的民营董事认为，"民营方的意见表达也受到约束，主要是因为企业融资需要陕煤担保，所以很多决策基本是民营方妥协"（D21）。另一方面，情境胜任感弱主要体现为对自我和民营方的消极评价。例如，华海工贸的民营董事认为，"混改后引进一大批人才，民营方无论是在管理还是专业能力上都有所欠缺"（D51）；社会对民营企业认可度低，正如神木电化的民营董事谈道，"社会对民营企业有偏见，缺乏认可度"（D71）。

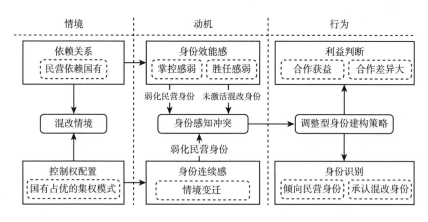

图 4 - 7　民营董事调整型身份建构过程

（2）控制权配置与连续感动机

当控制权配置为国有占优的集权模式时，对民营董事而言，意味着其身份情境的变迁，因此身份连续感减弱，弱化了其民营身份。情境变迁主要体现在三个方面。一是管理制度改变。例如，在神木富油，"混改后，企业管理制度、管理流程、管理方式都要服从陕煤的要求，与混改前民营方的管理方式有很大的区别"（D21）。二是民营方需要接受上级国有集团的考核。例如，在华海工贸，"以前作为民营企业，老板自己说了算，自己对自己负责。合作以后，民营老板成了混改企业的总经理，集团对企业、领导班子都有考核要求"（D51）。三是民营方的积极配合。正如神木富油的民营董事谈道，"民营方一直都是积极配合的，不存在什么反对意见或者消极情绪"（D23）。

（3）身份识别盲区与身份建构策略

当民营依赖国有，控制权配置为国有占优的集权模式时，身份效能感动机减弱，弱的掌控感弱化了民营董事的民营身份认知，弱的胜任感未能激活其混改身份认知；同时，由于身份情境的变迁，其身份连续感也减弱，进一步弱化了民营董事的民营身份认知。因此，民营董事身份识别上出现身份识别盲区，即在民营身份弱化的同时，混改身份未被激活。面对身份感知和识别盲区，民营董事采用了调整型的身份建构策略，即倾向于识别能够满足自身利益的身份，主要有两个过程。一是进行利益判断。例如，神木电化的民营董事谈道，"合作至今，和我当初的期望差距很大，企业规模虽然扩大了，但是并未达到我理想的合作效果"（D71）；华海工贸的民营董事说道，"华海工贸的业务和利益都是从陕煤获取的，和陕煤合作对我们有利"（D51）。二是基于利益判断来识别身份。例如，神木电化的民营董事说，"我还是觉得我是民营的人，混改身份没有给我带来收益，合作到目前为止，民营方获益较少"（D71）；华海工贸的民营董事认为，"我很愿意承认混改企业的身份，和陕煤合作对我们有利，我愿意按照混改身份规范我的行为"（D51）。

4.4.3　融合型身份建构策略

当双方相互依赖，控制权配置为均衡的分权模式时，这是一种兼顾双方的权力结构情境。此种情境下，民营董事在民营身份与混改身份识别方向上一致，因此会采取融合型建构策略，以实现双重社会身份的有效整合。对于民营董事而言，融合型策略是指民营董事充分理解其原民营身份与混改身份的不同，强调其共同目标，将企业看成一个整体，积极融入混改企业并以新的混改身份进行自我定义。北元化工、龙华矿业、神木能源、陕煤供应链的民营董事正是采取了此种策略，如图4-8所示，编码如表4-5所示。

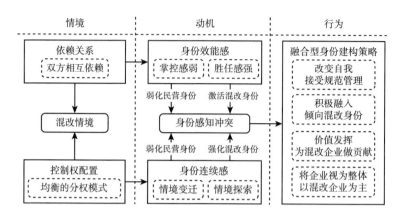

图4-8　民营董事融合型身份建构过程

（1）依赖关系与效能感动机

当双方相互依赖时，民营董事身份效能感中的掌控感弱、胜任感强，弱的掌控感弱化了其民营身份，强的胜任感激活了其混改身份。一方面，民营董事的情境掌控感弱体现为决策程序和方式的调整。例如，北元化工的民营董事认为，"什么事情都从沟通的角度出发，不能像以前那样完全自己做主了"（D11）；神木能源的民营董事谈道，"有些民营方在合作中认为自己出资就得有决策权，但这在新的混改企业中显然不符合程序"（D32）；龙华矿业的民营董事也认为，"对决策由谁决定这类问题，在混改初期，公司章程就要设计好，要按照公司的法人治理结构执行"（D82）。另一方面，情境胜任感强主要体现为对自我以及各方利益相关者的积极评价。例如，陕煤供应链的民营董事非常认可自己（民营方）在混改企业的作用，"民营方在企业的管理制度建设、管理执行力上发挥了作用"（D61）；北元化工的民营董事非常认可国有的发展平台以及新的混改企业，"国有体制认可度高，在融资、政策、人才招收上起到了很好的吸引作用"（D11）；"合作之后，管理人员比过去有更好的升职空间，也接触到很多前沿的管理理念与优秀的同事"（D13）；神木能源的民营董事认为，"民营方比较认可这种混改企业新的管理考核模式，这是对自己价值能力的正常的考量和回馈"（D31）。

（2）控制权配置与连续感动机

当控制权配置为均衡的分权模式时，民营董事身份连续感主要表现在身份情境变迁与身份情境探索两个方面。身份情境变迁是指，对于民营董事而言，从原有的民营环境到新的混改环境的身份变迁，意味着民营身份连续感变弱。情境变迁主要表现为民营管理模式和情境的改变。例如，北元化工的民营董事谈道，"我们（民营方）的管理模式发生改变，是根据我们企业的情况制定的新的管理制度与模式"（D11）。身份情境探索是指民营董事对新的混改身份环境的尝试和挑战，意味着对新的混改身份连续感的渴望。比如，龙华矿业的民营董事对新的管理模式的探索，"龙华矿业的管理模式是结合了双方优势的独立的管理模式，公开透明，是属于我们这个混改企业的"（D81）；在北元化工，"在管理过程中，除了会考虑集团的制度规范，还会考虑民营方的诉求"（D12）；在陕煤供应链，"制度的设置要结合国有控股企业的合规要求，同时一定要兼顾市场化机制。"（D61）。

（3）身份张力与身份建构策略

当双方相互依赖，控制权配置为均衡的分权模式时，民营董事的身份效能感动机驱动方向一致，弱的掌控感弱化了其民营身份认知，强的胜任感激活了其混改身份认知；同时，身份连续感动机驱动方向也是一致的，身份情境变迁也弱化了其民营身份，新的身份情境探索又进一步强化了其混改身份。也就是说，两种身份动机对民营董事的身份识别的驱动方向都是一致的，即弱化民营身份的同时，混改身份被激活。在这种情境下，民营董事采取融合型的身份建构策略，即弱化其民营身份，强调混改身份，主要有四个策略。一是改变自我，接受集团规范化的管理。例如，北元化工的民营董事认为，"与别人合作就得接受权力的减少，接受规范的管理，只要把企业做大了，个人的权力大小无所谓"（D11）。二是积极融入，倾向混改身份。例如，陕煤供应链的民营董事认为，"我还是更愿意以混改企业的身份来介绍自己，我们在市场上还是有优势的"（D31）。三是价值发挥，为混改企业做贡献。例如,神木能源的民营董事认为,"我们一心为公司的发展出谋划策,包括去扩展市场,为公司的发展做自己力所能及的贡献"(D31)。四是将混改企业看成一个整体,以混改企业为主。例如,龙华矿业的民营董事认为,"混改双方都不能以各自为主,站在各自小利益上,必须站在这个混改企业的角度看问题,以混改企业的利益为核心"(D82)。

4.5　本章小结

混改企业中控制权配置与资源依赖关系构成了混改参与者权力结构,是影响国有方和非国有方董事身份认知和身份建构的情境因素。在两种因素相互耦合的不同情境下,国有方和非国有方董事分别采取不同的身份建构策略以实现身份认知。通过本章的研究发现,在所调研的八家企业中,美联美的权力结构属于国有依赖民营、民营占优的放权模式,其国有董事和民营董事分别采取边缘化和强化型身份建构策略;华海工贸、神木电化、神木富油这三家企业的权力结构属于民营依赖国有、国有占优的集权模式,其国有董事和民营董事分别采取强化型和调整型的身份建构策略;北元化工、陕煤供应链、神木能源、龙华矿业这四家企业的权力结构属于双方相互依赖、均衡的分权模式,其国有董事和民营董事均采取融合型身份建构策略(见图4-9)。

第一,在不同的控制权配置和资源依赖关系下,国有董事分别采取边缘化、强化型和融合型三种身份建构策略以实现身份识别。混改企业中,国有董事面临着国有身份和混改身份双重社会身份的交叠和冲突,即国有董事到底是用国有身份还是用混改身份来自我定义,在不同情境下其身份建构策略是不同的。在国有依赖民营、民营占优的放权模式下,国有董事会采取边缘化身份建构策略,即无论是国有身份还是混改身份,其都不关注,而是关注其在其他企业中的身份;在民营依赖国有、国有占优的集权模式下,国有董事会采取强化型身份建构策略，即通过延续其国有身份、强调国有影响力以及以同化民营方三种策略来不断强化其国有身份。在国有和民营双方相互依赖、均衡的分权模式下，国有董事会采取融合型身份建构策略，即通过积极融入混改企业、主动发挥个体价值以及凸显混改企业新身份三种策略，逐步实现从原有国有身份向混改企业董事身份的转变。

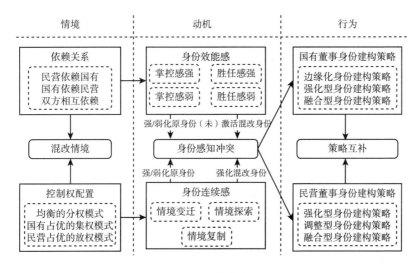

图 4 - 9　混改双方董事身份建构过程

第二，在不同的控制权配置和资源依赖关系下，非国有董事分别采取强化型、调整型和融合型三种身份建构策略以实现身份识别。混改企业中，民营董事面临着民营身份和混改身份双重社会身份的交叠和冲突，即民营董事是用民营身份还是混改身份来自我定义，在不同情境下，其身份建构策略是不同的。在国有依赖民营、民营占优的放权模式下，非国有董事会采取强化型身份建构策略，即通过延续和凸显其非国有或高管身份的方式来强化其民营身份，边缘化混改企业董事身份。在民营依赖国有及国有占优的集权模式下，民营董事会采取调整型身份建构策略，即通过利益的获取来判断是否能从国有身份获利，倾向选择能够使之获益的身份。在国有和民营双方相互依赖、均衡的分权模式下，民营董事与国有董事同样会采取融合型身份建构策略，即通过积极融入混改企业、主动改变认知以及行为方式三种策略，逐步实现从非国有身份向混改企业董事身份的转变。

第三，在控制权配置和资源依赖关系相互耦合的特定情境下，国有董事与民营董事的身份建构策略的互补性和匹配性，支撑了混改企业的稳定。当国有依赖民营资源且控制权配置为民营占优放权模式时，民营方的话语权更大。在此种情境下，国有董事通过身份边缘化策略来边缘化混改相关身份，为民营董事发挥更大的话语权提供了空间；而民营董事则通过强化民营身份的策略，确保了其在董事会中优势和价值的发挥。双方互补的身份建构方式支撑了混改企业的稳定和发展。当民营依赖国有资源、控制权配置为国有占优集权模式时，国有方的话语权更大。在此种情境下，国有董事通过强化国有身份的策略来确保其对董事会的主导，而民营董事通过自我调整民营身份，不断适应国有方的规范和要求。当双方资源相互依赖、控制权配置为均衡的分权模式时，双方话语权相当。在此种情境下，国有董事与民营董事双方都采取融合型身份建构策略，将混改企业作为自我定义的参照，积极地实现从国有身份或非国有身份向混改身份的转变。双方董事身份认知上的一致和匹配有助于促进企业的发展与进步。

第5章

"我如何行动"：混改企业董事的角色行动

本章回答本书的第二个研究问题：混改企业中，国有和民营双方董事面对多重制度逻辑困境，如何采取行动？本章将结合制度主义分析框架与角色身份理论，探讨影响混改企业在多重制度逻辑情境下国有和民营双方董事的角色行动。

5.1 分析框架及子案例嵌入结构

5.1.1 分析框架

制度逻辑是指社会共享的规则、规范和价值观，能够塑造主体的认知及行为，决定了组织的目标以及实现目标的方法（Thornton & Ocasio，1999）。制度逻辑将制度实践及其规则框架与个体能动性联系在一起，通过提供一系列特定情境下的行为原则，引导个体将"注意力焦点"分配在符合相关制度逻辑的特定问题和解决方案上，指导个体在一定社会情境和历史时期下"如何理解组织现实、如何做出适当的行为以及如何取得成功"（Pahnke，2015；Thornton，2002）。角色理论认为，个体在与他人的持续交往中获得角色，个体会根据角色期望来调整自己的行为（Hogg，1995）。而角色期望是个体对某一特定社会角色所设定的理想规范和公认的行为模式（奚从清，2010）。

因此，结合制度逻辑与角色身份理论，可以认为，在一定的社会情境中，个体行动对制度逻辑的回应就是个体基于特定角色期望的角色选择和角色行动。

混改企业把追求经济目标的民营企业和需要承担实现社会目标的国有企业混合起来，将来自不同利益相关者的制度要素整合重组为一个连贯、协调的组织，进而形成可持续经营与创新能力的组织（Jay，2013；Pache & Santos，2013）。一方面，混改企业的制度逻辑主要是由民营企业为代表的市场逻辑和国有企业为代表的行政逻辑组成（陈光沛、魏江，2023）。另一方面，国有企业和民营企业分别委派董事进入混改企业，以实现获得权力及控制。于是，国有和民营双方所委派的董事就分别拥有了双重角色，一重角色是国有股东/民营股东代言人角色，另一重角色是混改企业董事角色。

民营方委派董事作为民营股东代言人，往往基于民营企业市场化的组织基因，其角色期望在于企业经济利益最大化，尽可能地将资源引向高经济回报的部门（Pache & Santos，2013）；国有方委派董事作为国有股东代言人，往往基于服从行政指令、承担政策性使命的组织基因，其角色期望强调服从行政指令和安排，关注合法性，资源往往会导向高社会回报的部门（Cheung et al.，2020；Greve & Zhang，2017）；国有和民营双方所委派的董事作为混改企业董事，则需要兼顾行政逻辑与市场逻辑，需要同时对市场逻辑所聚焦的经济回报以及行政逻辑所聚焦的行政服从两种角色期望予以回应。也就是说，混改企业董事角色与双方股东代言人角色期望是不同的，这导致双方所委派董事在履行职责时可能发生角色冲突，其角色行动就是对处理角色冲突的行为反应。

制度逻辑通过注意力聚焦，并作为一种行为规则，影响董事会中董事的行动方式及其行动选择（Thornton & Ocasio，1999）。由于双方董事基于过往经历所聚焦和感知的逻辑不同，因此对不同逻辑所赋予的角色期望的反应也不同，也就是说，董事会通过角色行动对不同的制度逻辑进行回应。在本章，我们结合制度逻辑和角色身份理论，采取制度情境—角色期望—角色冲突—角色行动的框架来研究混改企业国有董事和民营董事角色行动，分析框架如图 5-1 所示。

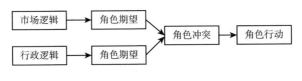

图 5-1 董事角色行动分析框架

5.1.2 子案例嵌入结构

混改企业的制度逻辑主要是由民营企业为代表的市场逻辑和国有企业为代表的行政逻辑组成（陈光沛、魏江，2023），主要表现为市场逻辑主导、行政逻辑主导以及市场—行政逻辑双重逻辑主导这三种制度情境。因此，我们将子案例单元按照不同类型的制度逻辑情境嵌入整体性案例中，如图 5-2 所示。我们在进行案例分析时，首先对每种情境的子案例单元进行单独的编码分析，而后再通过跨案例比较来对整体案例进行分析。

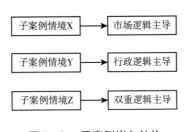

图 5-2 子案例嵌入结构

5.2 混改企业的制度逻辑情境

企业进行混改之后，组成一个受市场—行政双重制度逻辑影响的混改企业。两种制度逻辑的竞争和兼容最终形成市场逻辑主导、行政逻辑主导和市场—行政双重逻辑共同主导三种情况。在八家混改企业中，北元化工、陕煤供应链和龙华矿业三家企业受市场逻辑主导，华海工贸一家受行政逻辑主导，神木富油、神木能源、美联美、神木电化四家企业受市场—行政双重逻辑共同主导，编码结果如表 5-1 所示。

表 5-1 制度情境编码

主范畴	副范畴	概念化	标签	典型证据援引
市场逻辑	经济目标	追求经济利益	抢占市场	D11：北元化工所处的 PVC 行业竞争很激烈，所以必须以抢占市场份额为首要目标，这样才能在市场上活下来
		市场机制	采购市场化	D81：在采购过程中坚持市场化，谁想走捷径都不行，质优价廉是采购的唯一标准
			用人机制市场化	D81：在人才管理中坚持"全员聘用、分层竞争、公开选拔、竞争上岗"的原则，实行两年一竞聘、一年一述职的用人机制
	牺牲合规	非正规决策	口头决策	D81：有时候决策比较随意，比如说对于项目开工，几个股东一商量就定了
	决策高效	审批快速	决策边界清晰	D81：在合作之初，谁负责哪些事情，章程都是约定好了的，决策效率非常高
		机制灵活	经营灵活	D61：作为供应链企业，效率很重要。我们建立了数字化平台，每一个环节都可以实时追踪，既能及时了解业务区的状况，也能及时解决出现的各种问题
行政逻辑	社会目标	承担社会责任	关注慈善	D52：企业每年都会选择资助一些贫困的大学生，这项活动企业坚持了很多年
	注重合规	决策规范	决策依据	D52：每过一段时间国资委就会来检查，所有的决策必须按照国资委的要求，每一个决策都是按照要求、有依据的
	决策效率低	程序冗长	审批流程长	D51：企业负责煤炭运输，效率对于物流企业来说很重要。有时候给集团报的文件审批较慢，会影响运输
双重逻辑	经济目标与社会目标并重	经济目标与社会目标并重	兼顾社会公益	D32：之前更注重经济指标和提高利润，但在混改后，在政府的号召下，会帮助一些贫困户，帮他们翻修房子和引进一些养殖业
			改善员工生活条件	D32：混改以后，企业对员工基础设施进行了完善

续表

主范畴	副范畴	概念化	标签	典型证据援引
双重逻辑	平衡合规与现实	决策正式化转型	口头决策与集体表决并重	D31：在正式开股东大会之前，股东会私底下先沟通交流一下，以确保上会表决时不出现大问题，避免分歧太大而重新决策
		管理正式化转型	考核规范化	D42：在绩效考核方面不够规范，在国有方的帮助下一步步完善起来
			亲友举荐与规范用人相兼顾	D72：用人机制方面规范了用人条件，把握用人原则，对于亲戚朋友推荐的人，只要符合条件，我们也会考虑去用；但如果不满足条件，就不会用
	适应审批兼顾效率	适应审批兼顾效率	按照审批要求提前准备	D23：陕煤化集团审批流程长，我们会按照项目审批要求，提前把每个步骤做好，避免被驳回

（1）市场逻辑主导

以市场逻辑为主导是指，聚焦资源利用，通过优化运营成本和提高投资效率，追求利润最大化的经济性目标（Zhou et al., 2017），主要体现为经济利益主导和市场机制的有效利用。

北元化工、陕煤供应链和龙华矿业三家企业就是以市场逻辑为主导，主要体现在三个方面。第一，企业以经济效益为主要目标，不特别关注公益事业，聚焦市场拓展，并能充分利用市场机制。比如，北元化工"所处的 PVC 行业竞争很激烈，所以必须以抢占市场份额为首要目标，这样才能在市场上活下来"（D11）；龙华矿业"在采购过程中坚持市场化，谁想走捷径都不行，质优价廉是采购的唯一标准"（D81），"在人才管理中坚持'全员聘用、分层竞争、公开选拔、竞争上岗'的原则，实行两年一竞聘、一年一述职的用人机制"（D81）。第二，在决策和管理过程中会部分牺牲合规性。比如，龙华矿业依然存在口头决策这种非正式的决策方式，"有时候决策比较随意，比如说对于项目开工，几个股东一商量就定了"（D81）。第三，注重决策高效，审批速度快，决策机制灵活。比如，龙华矿业"在合作之初，谁负责哪些事情，章程都是约定好了的，决策效率非常高"（D81）；对于陕煤供应链来说，"作为供应链企业，效率很重要。我们建立了数字化平台，每一个环节都可以实时追踪，既能及时了解业务区的状况，也能及时解决出现的各种问题"（D61）。

（2）行政逻辑主导

行政逻辑是指，在社会组织领域，基于国家及其代理人的治理意愿，创造并维持的稳定存在的制度安排和相应的行动机制，具有强制性、规制性的特征（王诗宗、宋程成，2013）。国有资本以行政逻辑为主导，注重合法合规，其焦点在资源配置，通过协调和补贴创新过程，实现弥补市场失灵、提升公共福祉等社会性目标（Lazzarini et al., 2021；Zhang & Greve, 2018）。

华海工贸是唯一一家以行政逻辑为主导的混改企业，主要体现在三个方面。第一，企业会关注社会目标，主动开展公益事业。比如，"企业每年都会选择资助一些贫困的大学生，这项活动企业坚持了很多年"（D52）。第二，注重合规性，注重决策规范。比如，"每过一段时间国资委就会来检查，所有的决策必须按照国资委的要求，每一个决策都是按照要求、有依据的"（D52）。第三，审批程序长，决策环节多，效率较低。比如，"企业负责煤炭运输，效率对于物流企业来说很重要。有时候给集团报的文件审批较慢，会影响运输"（D51）。

（3）双重逻辑共同主导

贝沙洛夫和史密斯（Besharov & Smith, 2014）认为，多重制度逻辑也可以以兼容的方式存在。市场逻辑和行政逻辑可以同时存在于混改企业。部分国有企业在混改后主动适应和整合市场逻辑，并以此构建战略决策程序和商业运行模式，但其与生俱来地具有服从行政指令、承担政策性使命的组织基因（陈光沛、魏江，2023）。因此，很多混改企业是由市场逻辑和行政逻辑共同主导。

神木富油、神木能源、美联美和神木电化四家企业属于双重逻辑主导的混改企业。首先，经济目标与社会目标并重。比如，神木能源"之前更注重经济指标和提高利润，但在混改后，在政府的号召下，会帮助一些贫困户，帮他们翻修房子和引进一些养殖业"（D32）；此外，还关注员工，主动改善员工生活条件，"混改以后，企业对员工基础设施进行了完善"（D32）。其次，能够有效平衡合规要求与现实，体现在决策和管理向正规化的转型过程中。比如，神木能源"在正式开股东大会之前，股东会私底下先沟通交流一下，以确保上会表决时不出现大问题，避免分歧太大而重新决策"（D31）；又如美联美，"在绩效考核方面不够规范，在国有方的帮助下一步步完善起来"（D42）；神木电化在"用人机制方面规范了用人条件，把握用人原则，对于亲戚朋友推荐的人，只要符合条件，我们也会考虑去用；但如果不满足条件，就不会用"（D72）。再次，在决策审批程序上能够尽可能适应审批要求，同时兼顾效率。比如神木富油，"陕煤集团审批流程长，我们会按照项目审批要求，提前把每个步骤做好，避免被驳回"（D23）。

5.3 国有董事角色行动

混改企业中的国有董事也扮演着两种角色，一个角色是国有股东代言人，代表国有股东意志，保障国有资产保值增值，保障国有企业政治使命和社会效益的实现；另一个角色是混改企业董事，在董事会发挥决策、议事以及执行等职责。在多重制度逻辑情境下，国有董事的这两种角色之间可能存在冲突。面对两种角色的冲突，国有董事会采取融入整合、战略权衡、同化控制三种方式的角色行动。在案例企业中，北元化工、陕煤供应链和龙华矿业是以市场逻辑为主导的企业，其国有董事采取融入整合角色行动；华海工贸以行政逻辑为主导，其国有董事采取同化控制行动；神木富油、神木能源、美联美和神木电化是以双重逻辑为主导的企业，其国有董事采取战略权衡行动。三种角色行动的形成如图 5 - 3 所示。

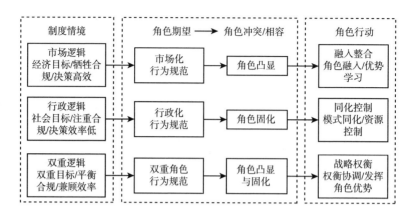

图5-3　国有董事角色行动理论模型

5.3.1　市场逻辑主导下国有董事的角色行动

以市场逻辑为主导的企业包括北元化工、陕煤供应链和龙华矿业三家，其国有董事采取了融入整合行动，编码如表5-2所示。国有董事融入整合，即在国有股东代言人角色和混改企业董事角色之间进行角色边界渗透，消除两者之间边界的行动方式。

表5-2　市场逻辑主导下国有董事的融入整合行动编码

主范畴	副范畴	概念化	标签	典型证据援引
角色期望	市场化行为规范	利用市场机制	竞聘上岗	D81：在干部管理方面，公司采取竞聘机制，两年一聘，有能力的竞争上岗，业绩不好的就转到普通岗位上
		注重效益效率	追求效益	D62：企业要扩大业务规模，提高利润率
			注重公平	D12：公司管理制度融入民营决策的高效，民营企业在效率方面的机制和做法是值得学习的
角色相容/冲突	角色凸显	展现角色价值	主动提供担保	D12：企业需要资金贷款的时候，国有方作为担保人来提供融资支持
			提供业务支持	D62：混改后，引进新业务和新团队，并且找专业机构优化薪酬对团队进行激励
				D13：我们会为企业向上级集团争取业务资源倾斜，以降低成本，提高利润率

续表

主范畴	副范畴	概念化	标签	典型证据援引
角色相容/冲突	角色凸显	展现角色价值	技术人才支持	D82：企业混改以后，我们从集团内部引入了大量的技术人才，在后续各类人才培养方面发挥了重要的传帮带作用
			规范化管理支持	D82：混改后发挥了国有方的优势，完善了一下企业的管理制度，达到了既规范又高效的效果
角色行动	融入整合	角色融入	整合双方利益	D12：开董事会和股东会都是按章程规定，会议上大家的意见几乎都是一致的，因为我们始终充分考虑双方的权益
			主动适应市场化	D62：积极把公司的管理制度、薪酬制度等与市场对接
			以整体利益为导向	D82：在混改企业工作，应该以混改企业的整体利益为主，不能过于强调自己是国有的，要明确自己是在混改企业工作
		优势学习	优势学习	D12：民营企业灵活管理的办法，国有企业就不具备，国有方也是抱着学习的态度进行混改的，既要学习市场化机制，又要学习高效率

（1）市场逻辑与角色期望

市场制度逻辑情境下，国有董事聚焦"利用市场机制""注重效率效益"等市场化行为规范。

就市场机制利用而言，龙华矿业的国有董事非常关注市场机制在干部人事管理中的应用，"在干部管理方面，公司采取竞聘机制，两年一聘，有能力的竞争上岗，业绩不好的就转到普通岗位上"（D81）。就注重效益效率而言，陕煤供应链的国有董事认为利润是指导工作的关键，"企业要扩大业务规模，提高利润率"（D62）；北元化工的国有董事则认为效率是管理的核心，认为"公司管理制度融入民营决策的高效率，民营企业在效率方面的机制和做法是值得学习的"（D12）。可以看出，市场逻辑下，对国有董事的角色期望以市场为导向，并以激发民营股东优势为特点。这一角色期望既符合混改企业董事的行为规范，也符合其国有股东代言人角色的利益要求。也就是说，国有董事的双重角色在角色规范上是相容的。

（2）角色相容与融入整合行动

市场逻辑情境下，国有董事双重角色在角色规范上的相容性意味着国有董事在表达国有股东代言人意志的过程中，能够很好地履行混改企业董事的角色。两个角色没有任何冲突。

角色的相容性主要体现为国有董事在履职过程中主动发挥价值，凸显角色。比如，北元化工的国有董事利用国有优势，主动促成国有方为企业提供资金担保和业务资源支持。"企业需要资金贷款的时候，国有方会作为担保人来提供融资支持"（D12）；"我们会为企业向上级集团争取业务资源倾斜，以降低成本，提高利润率"（D13）。而龙华矿业的国有董事则主动推行规范化管理，并引入人才团队支持。"混改后发挥了国有方的优势，完善了企业的管理制度，达到了既规范又高效的效果"（D82）；"企业混改以后，我们从集团内部引入了大量的技术人才，在后续各类人才培养方面发挥了重要的传帮带作用"（D82）。陕煤供应链的国有董事指出，"混改后，引进新业务和新团队，并且找专业机构优化薪酬对团队进行激励"（D62）。

角色的相容性使国有董事将混改企业看成一个整体，并通过融入整合行动，把国有股东代言人角色和混改企业董事角色有效整合起来。一是将自我角色主动融入混改企业。例如，北元化工的国有董事长通过整合双方利益和为民营提供支持来实现角色融入，"开董事会和股东会都是按章程规定，会议上大家的意见几乎都是一致的，因为我们始终充分考虑双方的权益"（D12）。陕煤供应链的董事长则积极推进公司管理制度适应市场化来实现角色融入，"积极把公司的管理制度、薪酬制度等与市场对接"（D62）。任龙华矿业总经理的国有董事则强调整体利益来实现角色融入，"在混改企业工作，应该以混改企业的整体利益为主，不能过于强调自己是国有的，要明确自己是在混改企业工作"（D82）。二是积极学习民营方的优势，以促进合作，优势互补。北元化工的董事长谈道，"民营企业灵活管理的办法，国有企业就不具备，国有方也是抱着学习的态度进行混改的，既要学习市场化机制，又要学习高效率"（D12），以实现优势互补。国有董事通过角色融入和积极学习民营方的优势，将国有股东代言人角色和混改企业董事角色有效整合。

5.3.2 行政逻辑主导下国有董事的角色行动

以行政逻辑为主导的企业有华海工贸，其国有董事采取了同化控制行动，编码如表 5−3 所示。所谓同化控制，是指个体利用资源优势进行控制，用相同的认知方式理解差异化角色要求，从而消除不确定性（范德文等，2017）。对于国有董事来讲，同化控制是指国有董事在履行其国有股东代言人角色的同时，充分利用国有方资源优势对民营方进行控制，消除对混改企业董事角色理解的差异化和不确定性。

表 5−3 行政逻辑主导下国有董事的同化控制行动编码

主范畴	副范畴	概念化	标签	典型证据援引
角色期望	行政化行为规范	推行国有管控	制度管控	D52：按照混改协议的约定，企业要按照国有方的制度体系实施管理
			业务管控	D52：混改企业中，如果不按照国有方的方式来经营，就会失去国有方提供的业务支持，因为对于国有方来说，还有其他经营规模大、业务能力强的下属企业
		双方认知差异	差异认知	D52：跟民营企业合作，最简单的就是把它当作投资平台，不能把它当作一个管理平台，民营和国有的很多理念、管理方式不一样
角色相容/冲突	角色固化	角色认知固化	业务认知固化	D52：民营原有的业务对企业未来发展难以赋能，已经没有存在的价值和意义了
			管理认知固化	D52：民营方业务管理像"打乱仗"。"打乱仗"的时候，老大的指挥权力就更大。而国有企业就分得很清楚，每个部门各司其职，这样既轻松又专业，我把他们这种模式给统一了
		角色履行固化	履职模式固化	D52：我来担任董事长之后，公司的运营模式和盈利模式都是按照国有的体系运行，和在纯国有企业工作差别不大

续表

主范畴	副范畴	概念化	标签	典型证据援引
角色行动	同化控制	模式同化	业务模式同化	D53：混改企业要是想拿到业务，就得顺着国有的业务模式走
			管理模式同化	D52：我们完全是按照上级国有集团的各种制度要求去执行，按纯国有企业模式走；当初混改，本来想利用民营机制的灵活性，但是实际上这几年我们把民营同化了
		资源控制	资源控制	D52：国有方拥有资源，就有了相当大的发言权和控制力。即使民营很有想法，但不能为实现想法提供赋能，就都是空想

（1）行政逻辑与角色期望

行政制度逻辑情境下，国有董事的注意力聚焦于"推行国有管控""双方差异认知"等行政化行为规范。就推行国有管控而言，华海工贸的国有董事在华海工贸积极推行国有制度管理，"按照混改协议的约定，企业要按照国有方的制度体系实施管理"（D52）；同时也积极实施业务管控，"混改企业中，如果不按照国有方的方式来经营，就会失去国有方提供的业务支持，因为对于国有方来说，还有其他经营规模大、业务能力强的下属企业"（D52）。除此之外，国有董事能够深刻认识到民营方和国有方的差异。比如，华海工贸的国有董事说，"跟民营企业合作，最简单的就是把它当作投资平台，不能把它当作一个管理平台，民营和国有的很多理念、管理方式不一样"（D52）。

可以看出，行政逻辑下，对国有董事的角色期望以行政化为导向，并在意识到双方差异性的前提下高度强调国有意志控制。强调国有意志控制的角色期望，非常符合国有股东代言人角色的利益诉求；对国有方和民营方之间的差异认知这一角色期望却给混改企业董事角色行为规范带来了一定的不确定性。也就是说，国有董事双重角色在角色规范上存在一定的冲突。

（2）角色冲突与同化控制行动

行政制度逻辑情境下，国有董事双重角色在角色规范上的冲突性意味着国有董事按照国有股东代言人角色强推国有意志和控制，可能会在董事会遭遇民营方董事的反对，从而对其混改企业董事角色的履行带来阻力和不确定性。也就是说，国有股东代言人角色和混改企业董事角色之间存在一定冲突。

角色的冲突性主要表现为国有董事作为国有股东代言人角色的固化。首先，国有董事从国有股东代言人角度来看待民营方，并形成了固有认知，而忽略民营方的优势。比如，"民营原有的业务对企业未来发展难以赋能，已经没有存在的价值和意义了"（D52）；"民营方业务管理像'打乱仗'。'打乱仗'的时候，老大的指挥权力就更大。而国有企业就分得很清楚，每个部门各司其职，这样既轻松又专业，我把他们这种模式给统一了"（D52）。其次角色履行模式相对固化，忽略混改企业的差异性。"我来担任董事长之后，公司的运营模式和盈利模式都是按照国有的体系运行，和在纯国有企业工作差别不大"（D52）。显然，国有董事以国有股东代言人角色固有的模式认知和履行角色，忽略了混改企业的差异性和民营方的潜在优势，也回避了混改企业董事角色可能遇到的冲突。

国有董事为消除履行混改企业董事角色的阻力和不确定性，对民营方采取了同化控制行动，包括模式同化和资源控制两种行动方式。首先，国有董事通过资源控制来掌握话语权，以推行同化控制。华海工贸的一位国有董事谈道，"国有方拥有资源，就有了相当大的发言权和控制力。即使民营方很有想法，但不能为实现想法提供赋能，就都是空想"（D52）。其次，国有董事以其话语权为基础实施管理模式同化和业务模式同化。在业务模式上，"混改企业要是想拿到业务，就得顺着国有的业务模式走"（D53）。在管理模式上，逐步摒弃了民营的管理模式，"我们完全是按照上级国有集团的各种制度要求去执行，按纯国有企业模式走；当初混改，本来想利用民营机制的灵活性，但是实际上这几年我们把民营同化了"（D52）。国有董事通过模式同化和资源控制对民营进行管控，使混改企业得到更多的资源并消除不确定性，从而使混改企业得到更好的发展。

5.3.3　双重逻辑主导下国有董事的角色行动

神木富油、神木能源、美联美和神木电化四家企业是以双重逻辑为主导的混改企业，其国有董事采取战略权衡行动，编码如表 5－4 所示。所谓战略权衡，是指基于战略的重要性对国有股东代言人角色和混改企业董事角色进行排序来实现角色差异化与战略情境的匹配。这一行动类似于民营董事的权衡分离，但区别在于民营董事的权衡分离行动是基于不同任务情境来实现角色差异化与任务情境的有效匹配，而国有董事的战略权衡则是依据战略重要性，重在弱化角色冲突带来的负面影响，从而权衡混改企业的利益。

表 5－4　　　　　　　双重逻辑主导下国有董事的战略权衡行动编码

主范畴	副范畴	概念化	标签	典型证据援引
角色期望	双重角色行为规范	授权经营与监督	不参与经营，但实施监督	D42：我不参与美联美的日常经营，我对美联美主要是发挥监督作用
		注重民营诉求与合规管理	规范管理与听取民营诉求	D32：混改后，企业按照国有制度管理，但非常注重听取民营方的意见和诉求
		发挥优势，支持企业发展	资金支持与企业发展	D22：企业利用国有平台解决发展急需的资金问题，从而有效地支持技术研发活动的开展，促进企业良性发展
角色平衡	角色固化与凸显	推行国有意志与考虑民营诉求的平衡	沟通化解工作阻力	D32：按照陕煤化集团要求开展工作，有时候会遇到阻力，我便会花费大量精力去沟通协调
			制度推行灵活性	D72：严格按照集团的标准选聘人才，如果民营方推荐的人选不达标，企业坚决不考虑，但是如果推荐的人员符合标准，那么企业也会考虑
			切合实际，实施合规管理	D42：根据上级国有集团的要求，企业实施了规范的管理，但充分考虑到科技研发企业的特殊性以及民营方的建议和要求，在不影响技术研发活动有效开展的前提下实施规范化管理
			对集团管理的反馈	D22：项目需要上报审批，但是对于一些市场反应比较敏感的项目，会给集团建议加快审批速度

续表

主范畴	副范畴	概念化	标签	典型证据援引
角色行动	战略权衡	发挥角色优势	战略把控	D42：我主要是在方向、战略上进行把控，企业遇到资金或者大的困难时，会在国有体制允许的范围内去争取解决
			角色价值	D72：我担任董事长之后，推行了一系列改革，企业从亏损转为赢利，公司安全管理从当地应急管理部门眼中的"差等生"转变为"优等生"
		权衡协调	协调保障双方利益	D32：管理一个混改企业责任大，潜在冲突也多，干任何事情都要在遵守集团制度的前提下兼顾对方的利益

（1）市场—行政双重逻辑与角色期望

双重制度逻辑情境下，国有董事的注意力聚焦于"授权经营与宏观监督""注重民营诉求与合规管理""发挥优势，支持企业发展"等双重行为规范，即市场化规范与行政化规范这两种相对立的规范之间的平衡。

无论是美联美、神木能源、神木富油还是神木电化，四家企业的国有董事都充分地意识到了市场—行政双重逻辑情境下其角色期望在于授权经营、尊重民营诉求、关注企业发展等市场化规范与监管监督、合规管理以及发挥国有优势等行政化规范之间的平衡。美联美的国有董事说，"我不参与美联美的日常经营，我对美联美主要是发挥监督作用"（D42）；神木能源董事认为，"混改后，企业按照国有制度管理，但非常注重听取民营方的意见和诉求"（D32）；神木富油国有董事认为，"企业利用国有平台解决发展急需的资金问题，从而有效地支持技术研发活动的开展，促进企业良性发展"（D22）。

可以看出，市场—行政双重逻辑下，国有董事双重角色期望既符合混改企业董事行为规范，也适应国有股东代言人的角色期望，是一种平衡型的角色规范。

（2）角色平衡性与战略权衡行动

市场—行政双重逻辑情境下，国有董事角色规范的平衡性意味着其国有股东代言人角色和混改企业董事角色的平衡。基于平衡的角色期望，国有股东代言人角色与混改企业董事角色之间会存在相互平衡的空间，即两种角色都有存在和发挥的空间，即便存在一种角色的侵占和另一种角色的退让，也会获得一种微妙的平衡。但如果这种平衡被打破，那么混改企业董事角色和民营股东代言人角色就会出现冲突。

角色的平衡性表现为国有董事作为国有股东代言人角色的固化以及作为混改企业董事角色的突显，二者是并存的，即其在作为国有股东代言人推行国有意志与作为混改企业董事注重民营诉求之间获得微妙平衡。首先，这四家企业的国有董事都以国有股东代言人来进行角色定位，强调在混改企业中推行集团的政策、规则、制度等。这是一种先入为主的角色固化，会影响民营方诉求的实现，因此不符合混改企业董事角色要求，会带来角色的潜在冲突。其次，这四家企业的国有董事都关注到角色的潜在冲突，会主动凸显自己作为混改企业董事的角色价值。比如，神木能源的国有董事会通过沟通化解推行集团管理的阻力，"按照陕煤化集团要求开展工作，有时候会遇到阻力，我便会花费大量精力去沟通协调"（D32）；神木电化的国有董事强调制度推行灵活性，比如，在人才管理方面，"严格按照集团的标准选聘人才，如果民营方推荐的人选不达标，企业坚决不考虑，但是如果推荐的人选符合标准企业，那么也会考虑"（D72）；美联美的国有董事也非常关注民营方的诉求，"根据上级国有集团的要求，企业实施了规范的管理，但充分考虑到科技研发企业的特殊性以及民营方的建议和要求，在不影响技术研发活动有效开展的前提下实施规范化管理"（D42）；神木富油的国有董事则注重对集团管理的反馈，"项目需要上报审批，但是对于一些市场反应比较敏感的项目，会给集团建议加快审批速度"（D22）。尽管角色的平衡性也隐含着角色间的潜在冲突，但这四家案例企业国有董事的两种角色是平衡的。

要达到角色的平衡性，消除角色的潜在冲突，国有董事应采取战略权衡行动。战略权衡行动主要有两种方式。一是发挥作为国有股东代言人角色的体制优势，为混改企业谋取利益。比如，美联美国有董事说道，"我主要是在方向、战略上进行把控，企业遇到资金或者大的困难时，会在国有体制允许的范围内去争取解决"（D42）。此外，国有股东代言人发挥角色价值。比如，神木电化的董事长认为，"我担任董事长之后，推行了一系列改革，企业从亏损转为赢利，公司安全管理从当地应急管理部门眼中的'差等生'转变为'优等生'"（D72）。二是通过兼顾双方利益来有效发挥混改企业董事角色。比如，神木能源的董事长说，"管理一个混改企业责任大，潜在冲突也多，干任何事情都要在遵守集团制度的前提下兼顾对方的利益"（D32）。这两种策略都是基于混改企业战略情境的重要性，通过对国有股东代言人角色和混改企业董事角色进行优先排序来实现角色差异化与战略情境的匹配，从而实现两种角色的有效平衡。

5.4 民营董事角色行动

混改企业中的民营董事承担着两个角色，一个角色是民营股东代言人，代表民营股东意志、保障民营股东权益，同时发挥民营股东优势；另一个角色是混改企业董事，在董事会履行决策、议事以及执行等职责。在多重制度逻辑情境下，民营董事的两个角色间可能存在冲突。面对角色冲突，民营董事所采取的角色行动有融入整合、权衡分离、角色脱离三种方式。在所研究的案例中，北元化工、陕煤供应链和龙华矿业三家以市场逻辑为主导的混改企业，其民营董事采取融入整合行动；华海工贸这家以行政逻辑为主导的混改企业，其民营董事则采取角色脱离行动；神木富油、神木能源、美联美和神木电化四家是以双重逻辑为主导的混改企业，其民营董事采取权衡分离行动。三种角色行动的形成过程如图 5－4 所示。

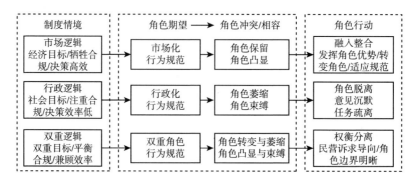

图 5-4 民营董事角色行动理论模型

5.4.1 市场逻辑主导下民营董事的角色行动

北元化工、陕煤供应链和龙华矿业是以市场逻辑为主导的混改企业，其民营董事对两种角色采取了融入整合行动，编码如表 5-5 所示。所谓融入整合，是指行动个体基于不同角色之间的关联，在多重角色之间进行角色边界渗透（Tempelaar & Rosenkranz, 2019），以消除多重角色之间边界的行动方式。对于民营董事来讲，融入整合是指在民营股东代言人角色和混改企业董事角色之间进行角色边界渗透，消除两者之间边界的行动方式。

表 5-5 市场逻辑主导下民营董事融入整合行动编码

主范畴	副范畴	概念化	标签	典型证据援引
角色期望	市场化行为规范	经营自主	负责业务	D11：混改以后，董事长让我继续负责经营方面的事情，业务经营方式和以前民营时是一致的
			民营主导	D81：企业的经营和管理主要是民营方主导，国有方对我们开展工作非常配合
		追求效率	优势发挥	D13：混改后，企业继续发挥了民营方的市场化优势，决策流程、效率和混改前变化不大
				D61：公司需要的人会重点培养，不需要的人就淘汰。龙华矿业是一个完全市场化的企业
			公开透明	D82：企业倡导公开透明、按章办事，由股东会决策的事项上股东会，由董事会决策的事项上董事会，工作起来非常顺畅

续表

主范畴	副范畴	概念化	标签	典型证据援引
角色期望	市场化行为规范	特事特办	特事特办	D81：有些特殊的、有难度的事情，企业会发挥民营方的灵活性和社会资源，特事特办，这对项目拓展也有好处
角色冲突/相容	角色保留	保留职责、职务	保留职责范围	D11：混改以前，我是股东，也是企业主要负责人；混改后，重新整合了领导班子，我担任总经理，董事长让我继续负责经营和业务，职责范围没有太大的变化
			保留职务	D81：混改前后我的职务没有变，一直担任董事长
	角色凸显	发挥个人价值	主动发表意见	D11：混改后，企业非常重视民营方优势的发挥，民营董事有意见、有想法，都会及时提出来，董事会也会认真听取并讨论，这也能促使企业流程不断完善，经营效率持续提升
			主动投入业务	D62：刚混改的时候，民营方委派了董事、高管，带过来了一批业务人员，民营公司原有业务体系也都转移过来了，这构成了陕煤供应链的业务基础
			积极沟通协调	D11：民营方在提升企业管理执行力上发挥了作用，比如，按照集团管控要求推行一些新的制度时，企业内部会出现阻力，民营董事就会积极沟通协调
角色行动	融入整合	主动发挥角色优势	匹配双方优势	D82：混改之后，我们既保留了民营方决策敏捷、反应快速的优势，也吸收了国有方制度合规、管理规范的优势
			切合混改实际	D61：混改企业管理要结合双方的优势，不能直接套用国有方的管理体系，一定要符合混改企业的实际情况
		主动转变角色	主动接受角色改变	D11：随着企业规模扩张，会遇到资金、技术等各种瓶颈，创始人个人解决不了，其他民营股东也解决不了，就得寻求国有合作伙伴。与人合作，就必须接受权力的减少、职位的下降
		主动适应规范	理解国有规范化管理	D11：混改后，民营方的优势在于决策敏捷、反应快速，但是我们也意识到国有方的制度规范、管理规范对企业是非常好的补充和提升，所以我们积极去适应这种规范化的管理

（1）市场制度逻辑与角色期望

市场制度逻辑情境下，民营董事的注意力聚焦于经营自主、追求效率、特事特办等市场化行为规范。就经营自主而言，北元化工民营创始人，也是民营董事兼任总经理，说道，"混改以后，董事长让我继续负责经营方面的事情，业务经营方式和以前民营时是一致的"（D11）；龙华矿业的民营董事认为，"企业的经营和管理主要是民营方主导，国有方对我们开展工作非常配合"（D81）。在决策方面，在北元化工，"混改后，企业继续发挥了民营方的市场化优势，决策流程、效率和混改前变化不大"（D13）。陕煤供应链非常强调人才管理的市场化优势，"公司需要的人会重点培养，不需要的人就淘汰。龙华矿业是一个完全市场化的企业"（D61）。龙华矿业在决策中"倡导公开透明、按章办事，由股东会决策的事项上股东会，由董事会决策的事项上董事会，工作起来非常顺畅"（D82）。此外，特事特办也是市场逻辑下非常关键的角色规范。在龙华矿业，"有些特殊的、有难度的事情，企业会发挥民营方的灵活性和社会资源，特事特办，这对项目拓展也有好处"（D81）。

可以看出，市场逻辑下，对民营董事的角色期望以市场为导向，并以激发民营股东优势为特点。这一角色期望既符合民营股东代言人角色的利益要求，也符合混改企业董事的行为规范。也就是说，民营董事的双重角色在角色规范上是相容的。

（2）角色相容与角色融入整合行动

市场制度逻辑情境下，民营董事的双重角色在角色规范上的相容性意味着民营董事在履行混改企业董事角色的过程中，也能够很好地表达民营股东代言人的意志，两个角色没有任何冲突。

角色的相容性体现在两个方面。其一，民营董事的原有职务被保留，其职责范围在混改前后维持不变。比如，北元化工的民营董事说，"混改以前，我是股东，也是企业主要负责人；混改后，重新整合了领导班子，我担任总经理，董事长让我继续负责经营和业务，职责范围没有太大的变化"（D11）。又如，龙华矿业的民营董事说，"混改前后我的职务没有变，一直担任董事长"（D81）。其二，民营董事的角色价值凸显。对于北元化工而言，"混改后，企业非常重视民营方优势的发挥，民营董事有意见、有想法，都会及时提出来，董事会也会认真听取并讨论，这也能促使企业流程不断完善，经营效率持续提升"（D11）；尤其是民营董事也在推动管理规范化方面主动发挥作用，"民营方在提升企业管理执行力上发挥了作用，比如，按照集团管控要求推行一些新的制度时，企业内部会出现阻力，民营董事就会积极沟通协调"（D11）。对于陕煤供应链而言，"刚混改的时候，民营方委派了董事、高管，带过来了一批业务人员，民营公司原有业务体系也都转移过来了，这构成了陕煤供应链的业务基础"（D62）。

角色的相容性使民营董事可以通过融入整合行动，把民营股东代言人角色和混改企业董事角色有效整合起来。其融入整合行动有三种方式。第一种，主动发挥民营股东角色优势。对于龙华矿业来说，"混改之后，我们既保留了民营方决策敏捷、反应快速的优势，也吸收了国有方制度合规、管理规范的优势"（D82）。对于陕煤供应链来说，"混改企业管理要结合双方的优势，不能直接套用国有方的管理体系，一定要符合混改企业的实际情况"（D61）。第二种，主动转变角色。比如，北元化工的民营董事认为，"随着企业规模扩张，会遇到资金、技术等各种瓶颈，创始人个人解决不了，其他民营股东也解决不了，就得寻求国有合作伙伴。与人合作，就必须接受权力的减少、职位的下降"（D11）。第三种，主动接受混改企业规范。比如，在北元化工，"混改后，民营方的优势在于决策敏捷、反应快速，但是我们也意识到国有方的制度规范、管理规范对企业是非常好的补充和提升，所以我们积极去适应这种规范化的管理"（D11）。民营董事通过主动发挥角色优势、主动转变角色和主动接受规范三种方式，对其民营股东代言人角色和混改企业董事角色进行了有效整合。

5.4.2　行政逻辑主导下民营董事的角色行动

华海工贸是以行政逻辑为主导的混改企业，其民营方董事采取了角色脱离行动，编码如表 5 - 6 所示。角色脱离行动是指，行动者个体放弃理解相互矛盾的角色要求，以脱离多重角色中的一个角色去满足另一个角色的要求（唐慧洁等，2023）。对于民营董事来讲，他们难以认识到民营股东代言人与混改企业董事之间复杂的角色要求和角色关系，通过主动放弃民营股东代言人角色来避免混乱。

表 5 - 6　　　　　行政逻辑主导下民营董事角色脱离行动编码

主范畴	副范畴	概念化	标签	典型证据援引
角色期望	行政化行为规范	服从管控	服从政策	D51：陕煤对企业的管理和经营有明确的政策和制度管控要求，这些要求与企业发展息息相关，企业必须得服从
			服从管理	D51：国有方的制度管控非常严格，企业的管理体系完全是执行集团的要求
		利益退让	利益退让	D52：为了公司的战略发展，引入新股东时，民营方所持的股权没有溢价
角色冲突/相容	角色萎缩	角色萎缩	决策权降低	D51：以前在公司是大股东，也是董事长，几乎所有事情都是我说了算，现在是总经理，主要是执行
			业务话语权减少	D52：目前企业的业务主要来源于国有方股东，谁把控业务，谁就会有更大的话语权
	角色束缚	角色束缚	制度约束	D51：混改之前，管理方式比较随意，但混改后，做任何决定都得考虑一下是否符合上级国有集团的要求
			合作方约束	D51：现在我主要听从国有方的安排，只负责执行
角色行动	角色脱离	任务疏离	缺乏进取心	D51：现在公司的业务和管理体系主要依靠国方，我能做的很少，很多事情也不用我考虑
		意见沉默	表决走形式	D51：我去参加股东大会，跟着他们举手表决，一般没有什么意见
			放弃主见	D51：混改之后，国有方带来很多资源，话语权大，我就很少表达自己的观点了

（1）行政制度逻辑与角色期望

行政制度逻辑情境下，民营董事的注意力聚焦于服从国有集团管控、利益退让等行政化的行为规范。对华海工贸的民营董事来说，需要服从上级国有集团管控，包括对上级政策及其制度化管理的服从。比如，"陕煤对企业的管理和经营有明确的政策和制度管控要求，这些要求与企业发展息息相关，企业必须得服从"（D51）；"国有方的制度管控非常严格，企业的管理体系完全是执行集团的要求"（D51）。在服从管控的同时，民营方也默认了利益退让。"为了公司的战略发展，引入新股东时，民营方所持的股权没有溢价"（D52）。

可以看出，行政逻辑下，对民营董事的角色期望以行政化为导向，并以忽视民营股东诉求为特点。这一角色期望显然不符合民营股东代言人角色的利益要求，但却符合混改企业董事的行为规范。也就是说，民营董事的双重角色在角色规范上是冲突的。

（2）角色冲突与角色脱离行动

行政制度逻辑情境下，民营董事双重角色在角色规范上的冲突性意味着民营董事按照混改企业董事角色要求行动，就必须抑制民营股东代言人意志的表达；按照民营股东代言人角色要求行动，就难以符合混改企业董事的角色要求。因此，两个角色是有冲突的。

角色的冲突性主要表现为民营董事作为民营股东代言人的角色萎缩与角色束缚。其一，民营股东代言人角色逐步萎缩，其决策话语权和业务话语权都在不断降低。华海工贸的创始人说，"以前在公司是大股东，也是董事长，几乎所有事情都是我说了算，现在是总经理，主要是执行"（D51）；华海工贸的国有董事谈道，"目前企业的业务主要来源于国有方股东，谁把控业务，谁就会有更大的话语权"（D52）。其二，民营股东代言人角色受束缚。华海工贸创始人作为董事，要响应行政服从这一角色期望，其工作自由空间不断缩小。"混改之前，管理方式比较随意，但混改后，做任何决定都得考虑一下是否符合上级国有集团的要求"（D51），"现在我主要听从国有方的安排，只负责执行"（D51）。

面对混改企业董事角色和民营股东代言人角色之间的冲突性，民营董事通过角色脱离行动来平衡和缓解，主要有两种行动方式。第一种是任务连接疏离，主要表现为民营董事对待企业工作缺乏进取性。比如，华海工贸的创始人股东认为，"现在公司的业务和管理体系主要依靠国有方，我能做的很少，很多事情也不用我考虑"（D51）。第二种是意见沉默，在各种会议上很少表达观点。"我去参加股东大会，跟着他们举手表决，一般没有什么意见"（D51）；"混改之后，国有方带来很多资源，话语权大，我就很少表达自己的观点了"（D51）。通过任务连接疏离和意见沉默两种角色脱离行动，民营董事在形式上放弃了民营股东代言人角色，把自己完全当作混改企业的董事和高管，以国有上级公司的意志为导向，从而避免了角色冲突给民营董事个人以及混改企业带来认知和行动上的混乱。

5.4.3　双重逻辑主导下民营董事的角色行动

神木富油、神木能源、美联美和神木电化是以市场—行政双重逻辑共同主导的混改企业，其民营方委派的董事采取了权衡分离行动，编码如表5-7所示。所谓权衡分离行动，是指个体能够理解多重角色的差异，并根据不同情境下不同角色的重要性，清晰划定多重角色间的边界（Tempelaar & Rosenkranz，2019），以适应多重角色的不同情境。对于民营董事来讲，权衡分离是指民营董事清楚界定民营股东代言人角色和混改企业董事角色所承载的不同职能，并根据不同任务情境下不同角色的重要性，将股东代言人角色和混改企业董事角色进行分离，实现角色与任务情境的有效匹配。

表 5 – 7   双重逻辑主导下民营董事权衡分离行动编码

主范畴	副范畴	概念化	标签	典型证据援引
角色期望	双重角色行为规范	自主经营，但要服从管控	自主经营，但要服从政策	D41：国有方给予企业非常高的经营灵活度，但是在经营中必须执行上级集团政策的合规要求
			自主经营，但要服从审批	D41：尽管混改后企业有很大的自主权，但是重大决策还是必须按照集团的政策走审批流程
		服从管控，但牺牲灵活度	服从规范，但牺牲灵活度	D71：混改后，决策要讨论上报、审批，尽管不太灵活，但对企业来说还是更规范了
		规避风险，但损失效率	规避风险，但损失效率	D31：尽管遵守审批流程会影响决策效率，但是在一定程度上规避了风险
				D21：开展新项目需要向集团报批，审批程序多且周期长。但是从项目投资风险的角度看，会更加稳妥
角色冲突/相容	角色转变与萎缩	职务保留，但职责萎缩	职务保留，但权限改变	D31：我现在担任的是副董事长，虽然一些事项我自己能做决定，但更多的事项还是得请示董事长
			职务保留，但职责减少	D71：公司章程规定国有方派董事长，民营方派总经理，我担任的是副董事长和总经理；后来章程调整，副董事长不兼任总经理，我就担任财务总监，负责的业务减少了
			职责减少	D31：我现在负责的业务范围比混改之前少多了
	角色凸显与束缚	价值发挥，但受控较多	技术优势与合规约束	D41：科技企业研发投入非常大，国有方帮助企业解决了资金瓶颈，所以国有方对企业提出的合规要求，民营方都积极配合
			主动投入，但想法受限	D21：这十多年以来，民营方牵头研发出了一些行业领先的技术产品。其实，民营方还有很多好的想法，但是在集团层层报批的决策体制下很难实现
角色行动	权衡分离	民营诉求导向	利益导向	D32：民营方非常看重利益。能获利的事情，民营方坚决支持，不获利的事情，一定会反对
			创新导向	D41：美联美作为一个高科技公司，非常看重技术创新，创新是企业管理和经营考虑的核心因素

主范畴	副范畴	概念化	标签	典型证据援引
角色行动	权衡分离	角色边界明晰	划定体制边界	D71：尽管企业是混改体制，但我觉得我还是民营企业的人，国有方只是企业合作的对象，而且国有方委派的领导一直在调动变化，而民营方的领导却很少流动
				D21：尽管我在混改企业工作了很多年，但我认为我就是民营企业的人
			角色切换	D31：工作的时候愿意以陕煤的身份来介绍自己，因为陕煤的公信力更强。生活中与朋友相处时，用陕煤标签提升自己没必要

（1）市场—行政双重逻辑与角色期望

市场—行政双重制度逻辑情境下，民营股东的注意力聚焦于"自主经营，但要服从管控"或"服从管控，但牺牲灵活度"等双重行为规范。这种双重行为规范不是市场化规范与行政化规范的平行和并列，而是两种相对立规范间的谨慎平衡。

就美联美而言，其民营创始人，也是民营董事兼任总经理，能够很好地平衡市场化规范和行政化规范，既服从管控，同时又有自主经营的认知。比如，"国有方给予企业非常高的经营灵活度，但是在经营中必须执行上级集团政策的合规要求"（D41）；又比如，在审批方面，"尽管混改后企业有很大的自主权，但是重大决策还是必须按照集团的政策走审批流程"（D41）。对神木电化、神木能源、神木富油来说，其民营董事认为服从管控的同时牺牲了灵活度，市场化规范与行政化规范很难平衡。比如，神木电化民营董事说，"混改后，决策要讨论上报、审批，尽管不太灵活，但对企业来说还是更规范了"（D71）；神木能源的民营董事认为，"尽管遵守审批流程会影响决策效率，但是在一定程度上规避了风险"（D31）；神木富油的民营董事认为，"开展新项目需要向集团报批，审批程序多且周期长。但是从项目投资风险的角度看，会更加稳妥"（D21）。

可以看出，市场—行政双重逻辑下，对民营董事的角色期望是对市场化规范与行政化这两种对立规范的谨慎平衡。这一角色期望是以符合混改企业董事行为规范为前提，可能会满足，也可能会损失民营股东代言人角色的利益要求。到底是会满足还是会损失民营股东代言人角色的利益要求，在于民营董事的谨慎平衡。也就是说，民营董事如何能够平衡两种对立的规范，就会认为双重角色规范是相容的，如美联美的民营董事，认为服从管控并不影响其自主性；如果不能够平衡两种对立的规范，就会感受到双重角色规范的冲突性，如神木能源、神木富油和神木电化的民营董事，认为服从管控会牺牲灵活性。

（2）角色相容—冲突性与权衡分离行动

市场—行政双重制度逻辑情境下，民营董事在角色规范上的平衡性意味着民营股东代言人角色和混改企业董事角色存在潜在相容或冲突。相容性是指民营董事能够按照角色期望的平衡性去行动。此时，混改企业董事角色和民营股东代言人角色就是相容的。冲突性是指民营董事不能按照角色期望的平衡性去行动。此时，混改企业董事角色和民营股东代言人角色就会出现冲突。

角色的相容—冲突性主要表现为民营董事作为民营股东代言人，其角色保留与萎缩并存，以及角色凸显与束缚并存。角色保留与角色凸显体现了两种角色的相容性，而角色萎缩与束缚体现了两种角色的冲突性。其一，民营股东代言人角色保留与萎缩并存，职务保留，但职责范围和权限缩小。比如，神木能源的一位民营董事说，"我现在担任的是副董事长，虽然一些事项我自己能做决定，但更多的事项还是得请示董事长"，"我现在负责的业务范围比混改之前少多了"（D31）。神木电化的民营董事也谈道，"公司章程规定国有方派董事长，民营方派总经理，我担任的是副董事长和总经理；后来章程调整，副董事长不兼任总经理，我就担任财务总监，负责的业务减少了"（D71）。其二，民营股东代言人角色凸显与束缚并存，发挥角色价值的同时受制度和各方利益相关者约束。比如，对于美联美而言，"科技企业研发投入非常大，国有方帮助企业解决了资金瓶颈，所以国有方对企业提出的合规要求，民营方都积极配合"（D41）；而神木富油的民营创始人尽管主动投入研发创新，但受限颇多，"这十多年以来，民营方牵头研发出了一些行业领先的技术产品。其实，民营方还有很多好的想法，但是在集团层层报批的决策体制下很难实现"（D21）。

面对两种角色的相容—冲突性，民营董事通过权衡分离行动来缓解角色冲突，凸显角色相容。权衡分离行动主要有两种方式。第一种是以民营方诉求实现为导向，对两个角色进行权衡分离。比如，神木能源的国有董事认为，"民营方非常看重利益。能获利的事情，民营方坚决支持，不获利的事情，一定会反对"（D32）；又比如，美联美的民营董事也认为，"美联美作为一个高科技公司，非常看重技术创新，创新是企业管理和经营考虑的核心因素"（D41）。第二种是通过体制边界认知和角色切换来划定两种角色边界。比如，神木电化的民营董事认为，"尽管企业是混改体制，但我觉得我还是民营企业的人，国有方只是企业合作的对象，而且国有方委派的领导一直在调动变化，而民营方的领导却很少流动"（D71）；神木富油的民营董事认为，"尽管我在混改企业工作了很多年，但我认为我就是民营企业的人"（D21）。此外，还会依据不同的场景来切换合适的角色，就如神木能源的民营董事所言，"工作的时候愿意以陕煤的身份来介绍自己，因为陕煤的公信力更强。生活中与朋友相处时，用陕煤标签提升自己没必要"（D31）。通过明确民营诉求导向原则和划定角色边界两种权衡分离行动，民营董事缓解了民营股东代言人角色和混改企业董事角色这两个角色之间的冲突，同时实现了两个角色的相容。

5.5　本章小结

本章采取"制度情境—角色冲突—角色行动"的分析逻辑，讨论了混改企业的双方董事面对股东代言人角色与混改企业董事角色间的冲突所采取的角色行动类型。混改企业市场—行政双重制度逻辑的竞争和兼容，作为一种制度情境，决定了混改参与者的行为规则，影响国有董事和民营董事的角色定位及其行动方式。不同的制度逻辑情境下，国有董事和民营董事分别采取不同的角色行动方式。研究发现，北元化工、陕煤供应链和龙华矿业三家企业以市场逻辑为主导，其国有董事和民营董事都采取融入整合行动；华海工贸以行政逻辑为主导，其国有董事采取同化控制行动，民营董事采取角色脱离行动；神木富油、神木能源、美联美和神木电化四家企业以市场—行政双重逻辑主导，其国有董事和民营董事分别采取战略权衡和权衡分离行动。

第一，市场—行政双重制度逻辑下，国有董事会采取融入融合、同化控制、战略权衡三种角色行动以缓解多重角色的冲突与张力。

混改企业中，国有董事同时扮演着国有股东代言人和混改企业董事的角色，两种角色期望的不同导致国有董事遭遇角色冲突。在市场制度逻辑驱动下，国有董事能够充分意识到双方积极交流、发挥民营方优势、实现双方优势互补等市场化行为规范的价值。此时，国有董事作为国有股东代言人，与混改企业董事的角色期望相一致，这促使国有董事采取融入整合行动，从而有效发挥两个角色的价值和职能。在行政制度逻辑驱动下，国有董事的注意力在于推广国有控制体系等行政化的行为规范，从而很好地践行国有股东代言人角色的职能，这与作为混改企业董事的角色存在一定冲突和矛盾。因此，国有董事积极采取同化控制行动，即对民营方实行管理模式同化与业务模式同化，以化解角色冲突，同时也化解了与民营方的冲突。在市场和行政双重制度逻辑的共同驱动下，国有董事在推行行政化行为规范的同时也主动适应市场化行为规范。此时，两种行为规范的相悖和差异导致国有董事在同时履行国有股东代言人角色与混改企业董事角色时，行为方式产生内在矛盾，导致国有股东代言人角色与混改企业董事角色发生冲突。此时，国有董事会通过战略权衡行动来减少两个角色之间的矛盾。

第二，市场—行政双重制度逻辑下，民营董事会采取融入整合、角色脱离、权衡分离三种角色行动以缓解多重角色的冲突与张力。

混改企业中，民营董事往往同时扮演民营股东代言人角色和混改企业董事的角色，两种角色期望的不同导致民营董事遭遇角色冲突。在市场制度逻辑驱动下，民营董事的注意力聚焦于经营自主、追求效益、特事特办等市场逻辑下的行为规范。此时，民营董事作为混改企业董事，与民营股东的角色期望是一致的，从而自然而然地采取融入整合行动，将民营股东代言人角色与混改企业董事的角色整合起来。在行政制度逻辑驱动下，民营董事被迫或主动去适应行政化的行为规范。此时，民营董事作为混改企业董事，与民营股东代言人的角色期望不一致，产生角色冲突，从而会通过角色脱离行动，放弃民营股东代言人的角色以缓解角色冲突；在市场和行政双重逻辑共同驱动下，民营董事在适应行政化行为规范的同时关注市场化的行为规范。两种行为规范的相悖和差异，导致民营董事在同时履行民营股东代言人角色与混改企业董事角色时，行为方式产生内在矛盾。此时，民营董事会通过权衡分离行动，减少两个角色对于个人行为方式带来的矛盾。

第三，特定制度逻辑主导情境下，国有董事与民营董事角色行动的互补性和匹配性支撑了混改企业的稳定和发展。

市场逻辑主导情境下，国有董事与民营董事都不约而同地主动采取融入整合行动，这为发挥自身及对方优势，从而实现双方优势互补奠定了行动基础，支撑了混改企业的稳定和发展。行政逻辑主导情境下，国有董事聚焦于国有股东代言人角色，采取同化控制行动来促使民营方行动调整；而民营董事不得不更加关注混改企业董事的角色，并采取角色脱离行动来确保国有方对董事会的主导。国有董事的同化控制与民营董事的角色脱离，一进一退，相互匹配，支撑了混改企业的稳定和发展。市场—行政双重逻辑主导情境下，国有董事采取战略权衡行动，即依据战略重要性对两种角色的价值来权衡行动；而民营董事采取权衡分离行动，即依据情境重要性对两种角色的价值来权衡行动。二者在行动上的权衡原则确保了双方在行动上的一致和匹配，从而促进混改企业的稳定和发展。

第6章

董事合作行动与组织秩序

本章回答本书的第三个研究问题：国有和民营双方董事的身份定位和角色行动如何互动影响组织秩序的生成，对原有的制度逻辑和依赖关系这两种结构要素又会产生何种影响？本章将从主体能动性视角分析双方董事的身份识别对角色行动的影响以及双方合作行动的形成，并探讨合作行动下所形成的组织秩序。

6.1　分析框架

个体对认识和改造客观世界的实践会表现出主体特性，即主体能动性（郭湛，2000）。主体能动性会随着不同情境结构的变化而变化，是一种嵌入于时间流动中的个体社会化能力（Emirbayer & Mische，1998），不仅涉及过去的经验，更涵盖当前的困境和未来计划的影响（Pentland & Feldman，2008）。主体能动性影响个体如何理解和表达自己的身份。个体通过自己的选择和行动来塑造和维护自己的身份，而这种身份的构建又反过来影响他们的能动性。在社会互动中，个体通过与他人的交流和互动来确认和调整自己的身份。这种互动不仅是身份形成的过程，也是主体能动性表现的过程。身份是个体用来定义自我与他人差异的关键要素，回答了"我是谁"这一根本问题；而这个问题的答案进一步影响了个体的价值观和生活方式（Stets & Burke，2000)，即"我如何行动"。

社会身份理论与个体自我概念相关，而角色身份理论与个体行为规范相关，社会身份是从群体或者组织的视角出发，而角色身份更多的是从个体视角出发（Hogg et al.，1995；Stets，2000)。社会身份的基础是群体，个体在对自我进行定位时，不仅会考虑自身特点，还会考虑所处群体的特点，群体中的成员用同一个标准来区分群体内与群体外成员（Tajfel，1979)。群体成员在自我定义时主要有两个步骤。一是社会分类。个体将自己归于某一个群体后，会用群体的标准来规范自己，并且努力维持这一身份特征（Hogg et al.，2006)。二是社会比较。群体中的成员会将自己的价值与群体联系起来，群体成员基于地位的比较来判断是否改变群体或者提升其在所处群体的地位（Tajfel，1979)。而角色身份确定的关键，是将自我定义为某种身份的扮演者，将自身行为与该角色期望达到的标准相结合（Thoits，1986)。角色身份是存储与角色职能相关信息的框架，能够促使个体不断认识自己，践行行为规范，体现社会对某一角色的期待和规范（唐慧洁，2023；陈武林，2023)。总的来说，社会身份更强调群体成员之间的关系，角色理论则强调个体自身所归结的角色身份。社会身份和角色身份虽然有所不同，但相互补充（Gruber et al.，2017)。具体来说，个体会通过社会分类和社会比较来选择自己所处的群体，从而选择自己的决策方式；而角色身份会基于个体所选择的社会身份完成在组织中所扮演的角色（Powell，2014)。

个体受外部情境刺激，并通过自我信息认知和加工做出行为反应（Simon，1947)。本书认为，在混改企业中，不同的结构情境下，国有和民营双方董事通过自我分类形成关于个体的社会身份认知和定义，同时通过不同情境下的行为规则，形成了个体的角色行动。也就是说，在多种结构性因素相互耦合的情境下，董事先进行身份识别，选择自己的决策方式，并根据自身所选择的社会身份来进一步明确自身的角色，从而根据角色期望不断规范和修正自身行为。

结构决定行动，行动又重构结构（Giddens，1998）。混改企业的国有方和民营方董事的行动相互关联、彼此影响，以其身份识别和角色行动为基础，在互动合作中塑造了混改企业的组织秩序，并推进了混改企业制度逻辑的变迁和演进，促使其权力结构改进和变迁（见图6-1）。

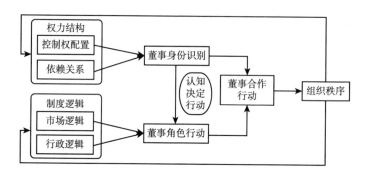

图6-1　混改企业董事合作行动与组织秩序生成分析模型

6.2　基于身份建构的合作行动逻辑

6.2.1　身份识别对角色行动的影响

（1）国有董事身份识别与角色行动的匹配

按照认知决定行动的逻辑，我们将国有董事身份识别与角色行动相对应，发现有五家企业的国有董事的身份识别与角色行动是相互匹配的。美联美的国有董事在身份建构上采取边缘化策略，其角色行动是战略权衡；华海工贸的国有董事在身份建构上采取强化策略，其角色行动则是同化控制；北元化工、龙华矿业、陕煤供应链这三家企业的国有董事在身份建构上采取融合策略，其角色行动则是融入整合。具体编码结果见表6-1。我们发现，在不同情境下，国有董事通过不同的身份建构策略来识别自己的身份，根据自己所识别的身份所呈现的特征来选择角色行动，即国有董事通过身份建构所识别的身份特征会影响角色行动，如图6-2所示。

表 6－1   国有董事身份识别与角色行动匹配编码

主范畴	副范畴	概念化	标签	典型证据援引
身份建构策略	边缘化建构策略	边缘化混改有关身份	忽略日常工作	D42：美联美日常经营决策我们国有方都不参与，我日常的工作重心也是在重装（国有方）这边
		重视其他企业身份	突出国有身份	D42：我是重装（其他企业）董事长，我介绍自己还是国有单位董事长
	强化型建构策略	身份延续	承认国有身份	D23：我原来在上级国有集团工作，我愿意承认我的国有身份
		强调影响力	国有身份重要性	D72：我一般都会强调国有身份的重要性，现在混改企业发展都变成了国有化的模式
		同化对方	引导民营改变	D53：混改之后，通过国有方的业务支持，让民营方意识到国有方合作的实力与合作诚意，逐步引导民营方的经营方式和行为模式向国有靠拢
			利益引导	D52：混改之后，陕煤不断给华海工贸提供业务，先是规范公司原有的业务，把业务做精，实现效益最大化，然后在这个基础上再扩展新的业务
	融合型建构策略	积极融入	倾向混改身份	D12：我愿意说我是北元化工的董事长，我还经常在一些地方宣传北元化工
		价值发挥	为公司谋取利益	D32：我是为公司的利益与发展，是为了整个公司谋取利益
			摒除私心杂念	D12：在混改企业，始终保持一颗公心，站在合规、合法、公正的立场上工作，任何人在混改企业都可以做好
		将企业看成一个整体	以混改企业为主	D82：混改以后，龙华矿业就是一个具有独立治理结构的现代化公司
角色行动	战略权衡	发挥角色优势	战略把控	D42：我主要是在方向、战略上进行把控，企业遇到资金或者大的困难时，会在国有体制允许的范围内去争取解决
			角色价值	D72：我担任董事长之后，推行了一系列改革，企业从亏损转为赢利，公司安全管理从当地应急管理部门眼中的"差等生"转变为"优等生"
		权衡协调	协调保障双方利益	D32：管理一个混改企业责任大，潜在冲突也多，干任何事情都要在遵守集团制度的前提下兼顾对方的利益

续表

主范畴	副范畴	概念化	标签	典型证据援引
角色行动	同化控制	模式同化	业务模式同化	D53：混改企业要是想拿到业务，就得顺着国有的业务模式走
			管理模式同化	D52：我们完全是按照上级国有集团的各种制度要求去执行，按纯国企模式走；当初混改，本来想利用民营机制的灵活性，但是实际上这几年我们把民营同化了
		资源控制	资源控制	D52：国有方拥有资源，就有了相当大的发言权和控制力。即使民营方很有想法，但不能为实现想法提供赋能，就都是空想
	融入整合	角色融入	整合双方利益	D12：开董事会和股东会都是按章程规定，会议上大家的意见几乎都是一致的，因为我们始终充分考虑双方的权益
			主动适应市场化	D62：积极把公司的管理制度、薪酬制度等与市场对接
			以整体利益为导向	D82：在混改企业工作，应该以混改企业的整体利益为主，不能过于强调自己是国有的，要明确自己是在混改企业工作
		优势学习	优势学习	D12：民营企业灵活管理的办法，国有企业就不具备，国有方也是抱着学习的态度进行混改的，既要学习市场化机制，又要学习高效率

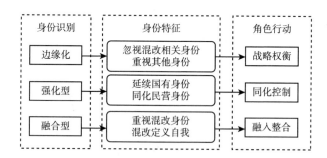

图6-2　国有董事身份识别与角色行动

当国有董事在国有身份和混改身份之间采取边缘化建构策略时，身份呈现出忽视混改相关身份、重视其他企业身份的特征。基于对混改身份的忽视与对其他企业身份的重视的认知和定位，国有董事在国有股东代言人和混改企业董事两个角色之间，依据战略的重要性权衡选择，即采取战略权衡行动，在积极发挥自己国有股东代言人的角色优势，为混改企业提供资源和保障的同时，兼顾双方利益，为双方搭建沟通和合作的桥梁。例如，美联美的国有董事和神木能源的董事长基于战略场景关注角色优势发挥。美联美的国有董事认为，"我主要是在方向、战略上进行把控，企业遇到资金或者大的困难时，会在国有体制允许的范围内去争取解决"（D42）。

当国有董事在国有身份和混改身份之间采取强化建构策略时，其身份呈现出延续国有身份且同化民营方身份的特征。基于其强化国有身份的认知和定位，国有董事仅关注其国有股东代言人角色职责的发挥，而忽略其混改企业董事的角色职责，因此其角色行动方式表现为对民营方的同化控制，即利用强大的资源控制，对民营方在管理上和业务上实现模式同化，从而使其所代言的国有方意志得以彻底贯彻。比如，华海工贸的董事长认为资源控制是实现对民营方角色同化的前提，"国有方拥有资源，就有了相当大的发言权和控制力。即使民营方很有想法，但不能为实现想法提供赋能，就都是空想"（D52）。华海工贸的另一位国有董事谈道，"我们完全是按照上级国有集团的各种制度要求去执行，按纯国有企业模式走；当初混改，本来想利用民营机制的灵活性，但是实际上这几年我们把民营同化了。只要民营方还想拿到集团的业务，那就得顺着集团的业务模式和管理模式"（D52）。

当国有董事在国有身份和混改身份之间采取融合建构策略时，身份呈现为重视混改身份且以混改身份定义自我的特征。基于混改身份定义自我的认知与定位，国有董事更强调其混改企业董事角色，而非其国有股东代言人角色，因此其角色行动以融入整合为主，即将混改企业看成一个整体，将自我角色主动融入混改企业，积极学习民营方的优势，以促进合作，优势互补。例如，陕煤供应链的国有董事说，企业"积极把公司的管理制度、薪酬制度等与市场对接"（D62）；北元化工的每一任董事长都通过整合双方利益和为民营方提供支持来实现角色融入，"开董事会和股东会都是按章程规定，会议上大家的意见几乎都是一致的，因为我们始终充分考虑双方的权益"（D12）；"我们民营方提供了很多支持，比如人事上、资金上的支持等，目标就是全力以赴，把企业做大做强"（D12）。同时，也非常注重学习民营方的优势。例如，北元化工的国有董事认为，"民营企业灵活管理的办法，国有企业就不具备，国有方也是抱着学习的态度进行混改的，既要学习市场化机制，又要学习高效率"（D12），以实现优势互补。而龙华矿业的国有董事则强调整体利益来实现角色融入，"在混改企业工作，应该以混改企业的整体利益为主，不能过于强调自己是国有的，要明确自己是在混改企业工作"（D82）。

（2）民营董事身份认知与角色行动的匹配

按照认知决定行动的逻辑，除了神木能源以外，有七家民营董事的身份识别与角色行动也是一致的，其社会身份识别所呈现的身份特征会影响其角色行动，如图6-3所示。其中，美联美的民营董事在身份建构上采取强化策略，其角色行动则是权衡分离；华海工贸、神木富油、神木电化这三家企业的民营董事在身份建构上采取调整策略，其角色行动有角色脱离与权衡分离两种；北元化工、龙华矿业、陕煤供应链这三家企业的民营董事在身份建构上采取融合策略，其角色行动则是融入整合，具体编码结果见表6-2。

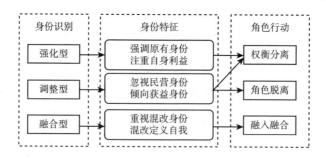

图6-3　民营董事身份识别与角色行动

表 6 – 2　　　　　　　　　　　民营董事身份识别与角色行动编码

主范畴	副范畴	概念化	标签	典型证据援引
身份建构策略	强化型建构策略	身份延续	权力延续	D41：混改后，还是像以前一样，决策权还是民营方的
			制度延续	D41：混改之后，例如管理制度还是原企业的，企业的决策流程也都一样
		身份突出	强调民营身份	D41：因为陕煤占股少，对外不能说是陕煤化集团美联美，只能说是美联美公司
	调整型建构策略	利益判断	合作获益	D51：华海工贸的业务和利益都是从陕煤获取的，和陕煤合作对我们有利
			合作差距大	D71：合作至今，和我当初的期望差距很大，企业规模虽然扩大了，但是并未达到我理想的合作效果
		身份识别	倾向民营身份	D71：我还是觉得我是民营的人，混改身份没有给我带来收益，合作到目前为止，民营方获益较少
			承认混改身份	D51：我很愿意承认混改企业的身份，和陕煤合作对我们有利，我愿意按照混改身份规范我的行为
	融合型建构策略	改变自我	接受规范管理	D11：与别人合作就得接受权力的减少，接受规范的管理，只要把企业做大了，个人的权力大小无所谓
		积极融入	倾向混改身份	D31：我还是更愿意以混改企业的身份来介绍自己，我们在市场上还是有优势的
		价值发挥	为混改企业做贡献	D61：民营方一心为公司的发展出谋划策，包括去扩展市场，为公司的发展做自己力所能及的贡献
		将企业看成一个整体	以混改企业为主	D82：混改双方都不能以各自为主，站在各自小利益上，必须站在这个混改企业的角度看问题，以混改企业的利益为核心
角色行动	权衡分离	民营诉求导向	利益导向	D32：民营方非常看重利益。能获利的事情，民营方坚决支持，不获利的事情，一定会反对
			创新导向	D41：美联美作为一个高科技公司，非常看重技术创新，创新是企业管理和经营考虑的核心因素

续表

主范畴	副范畴	概念化	标签	典型证据援引
角色行动	权衡分离	角色边界明晰	划定体制边界	D71：尽管企业是混改体制，但我觉得我还是民营企业的人，国有方只是企业合作的对象，而且国有方委派的领导一直在调动变化，而民营方的领导却很少流动
				D21：尽管我在混改企业工作了很多年，但我认为我就是民营企业的人
			角色切换	D31：工作的时候愿意以陕煤的身份来介绍自己，因为陕煤的公信力更强。生活中与朋友相处时，用陕煤标签提升自己没必要
	角色脱离	任务疏离	缺乏进取心	D51：现在公司的业务和管理体系主要依靠国有方，我能做的很少，很多事情也不用我考虑
		意见沉默	表决走形式	D51：我去参加股东大会，跟着他们举手表决，一般没有什么意见
			放弃主见	D51：混改之后，国有方带来很多资源，话语权大，我就很少表达自己的观点了
	融入整合	主动发挥角色优势	匹配双方优势	D82：混改之后，我们既保留了民营方决策敏捷、反应快速的优势，也吸收了国有方制度合规、管理规范的优势
			切合混改实际	D61：混改企业管理要结合双方的优势，不能直接套用国有方的管理体系，一定要符合混改企业的实际情况
		主动转变角色	主动接受角色改变	D11：随着企业规模扩张，会遇到资金、技术等各种瓶颈，创始人个人解决不了，其他民营股东也解决不了，就得寻求国有合作伙伴。与人合作，就必须接受权力的减少、职位的下降
		主动适应规范	理解国有规范化管理	D11：混改后，民营方的优势在于决策敏捷、反应快速，但是我们也意识到国有方的制度规范、管理规范对企业是非常好的补充和提升，所以我们积极去适应这种规范化的管理

当民营董事在民营身份和混改身份之间采取强化建构策略时，身份特征表现为强调民营身份且注重自身利益。基于仅强调民营身份的认知和定位，民营董事聚焦于民营股东代言人角色，而非混改企业董事角色，因此其角色

行动方式表现为以实现民营方利益为导向，对两个角色的权衡分离，即明确划定两种角色的边界，只有对自身有利时才会临时利用混改角色提升身份价值。比如，美联美的民营董事提出，"美联美作为一个高科技公司，非常看重技术创新，创新是企业管理和经营考虑的核心因素"（D41）。

当民营董事在民营身份和混改身份之间采取调整建构策略时，身份特征表现为弱化民营身份且认可混改身份。调整型身份识别的情况较为复杂，存在两种情况。第一种，基于对混改身份的认可与对民营身份的弱化，民营董事更强调混改企业董事角色，而非民营股东代言人角色，因此其角色行动方式主要是对民营股东代理人角色的脱离，表现为任务连接疏离，尽量不承担原民营身份所需要承担的责任，在事项决策中意见沉默。例如，华海工贸的民营董事谈道，"现在公司的业务和管理体系主要依靠国有方，我能做的很少，很多事情也不用我考虑"；"我去参加股东大会，跟着他们举手表决，一般没有什么意见"；"混改之后，国有方带来很多资源，话语权大，我就很少表达自己的观点了"（D51）。第二种，民营董事主动从民营身份向混改身份调整，当其自我感知未从混改身份获益时，表现出对原民营身份的强调，从而也会采取权衡分离行动，即基于利益和情境对两种角色进行权衡分离，即明确划定两种角色的边界，只有对自身有利时才会临时利用混改角色来提升身份价值。比如，神木电化的民营董事认为，"尽管企业是混改体制，但我觉得我还是民营企业的人，国有方只是企业合作的对象，而且国有方委派的领导一直在调动变化，而民营方的领导却很少流动"（D71）；神木富油的民营董事认为，"尽管我在混改企业工作了很多年，但我认为我就是民营企业的人"（D21）。

当民营董事在民营身份和混改身份之间采取融合建构策略时，身份特征表现为重视混改身份并以混改身份定义自我。基于以混改身份自我定义的认知与定位，民营董事聚焦于混改企业董事角色，而非民营股东代言人角色，因此其角色行动方式表现为对两种角色的融入整合，即通过主动发挥民营角色优势、主动承担角色责任、主动接受规范，更好地融合国有和民营双方的优势。例如，龙华矿业的民营董事谈道，"混改之后，我们既保留了民营方决策敏捷、反应快速的优势，也吸收了国有方制度合规、管理规范的优势"（D81）。北元化工的民营董事认为，"随着企业规模扩张，会遇到资金、技术等各种瓶颈，创始人个人解决不了，其他民营股东也解决不了，就得寻求国有合作伙伴。与人合作，就必须接受权力的减少、职位的下降"；"混改后，民营方的优势在于决策敏捷、反应快速，但是我们也意识到国有方的制度规范、管理规范对企业是非常好的补充和提升，所以我们积极去适应这种规范化的管理"（D11）。陕煤供应链的民营董事认为，"混改企业管理要结合双方的优势，不能直接套用国有方的管理体系，一定要符合混改企业的实际情况"（D61）。

（3）身份认知与角色行动匹配的例外情况

尽管依照认知决定行动的逻辑，董事身份认知与所采取的角色行动是匹配的，但是在案例分析中仍然有例外情况。神木电化与神木富油两家企业的国有董事的身份识别与角色行动出现了不匹配的情况，而神木能源的国有董事和民营董事的身份识别与角色行动都出现了不匹配的情况。

对神木电化和神木富油的国有董事而言，一方面，其处于有利于国有方的权力结构情境下，因此国有身份的连续感和效能感都很高，在身份建构和识别过程中会采取强化国有身份的策略；另一方面，其国有董事的行动逻辑也处于市场—行政双重制度逻辑情境，基于平衡型的角色期望，两个企业的国有董事通过战略权衡行动，对国有股东代言人和混改企业董事两个角色进行了很好的平衡。也就是说，这两个企业的国有董事尽管在权力结构感知情境下形成了强化国有身份的定位，但在角色行动中并未一味地采取同化控制行动，而是很好地对自我的双重角色进行平衡，采取了战略权衡行动。之所以两家企业的国有董事强化国有身份的定位，但并未导致其同化控制角色行动，原因在于在有利于国有方的权力结构情境下，尽管民营方董事主动调整其身份结构，逐步放弃民营身份定位，实现了与国有董事之间的互补，但在身份与行为互动中，民营方并未从新的身份定位感知获利，从而在其角色行动中采取了权衡分离的行动，这种行动会在某些情境中非常强调民营股东代言人角色，这就强化了混改企业中市场逻辑的制度压力，从而迫使国有方股东及其董事不得不关注民营方的诉求以及国有股东和民营股东的权益平衡。在这种情境下，如果国有董事采取同化控制行动，就会激化矛盾，因此以平衡为导向的战略权衡行动成为有利于企业稳定的最佳选择。

对于神木能源而言，处于国有和民营双方相对均衡的权力结构以及市场—行政双重制度逻辑相互交叠的情境之下。一方面，基于均衡的权力结构，无论是国有董事还是民营董事，都在强化其混改身份认知，因此双方董事都采取了积极的融合型身份建构策略。另一方面，基于双重制度逻辑，国有董事和民营董事双方都采取了以权衡为导向的角色行动，即国有董事采取战略权衡行动，民营董事采取权衡分离行动。也就是说，双方董事积极融合混改身份的身份认知并未导致其角色上的融入行动，反而是以战略和利益为导向的权衡行动。这背后的原因在于尽管双方身份识别融合，但在相互融合的过程中存在阻碍融合的矛盾和纠纷，因此双方为了确保自己的利益，在融合过程与"斗争"过程就结合在一起，从而市场—行政双重逻辑就成为约束双方行动的制度压力，导致行动方式表现为权衡行动，而非最佳的融入行动。

当混改企业各利益方在既定权力结构中都能获利时，该权力结构与制度逻辑匹配耦合，则董事的身份认知与行动方式相一致；当混改企业各利益方中有一方感知利益受损时，利益受损方就会采取积极行动，给混改企业形成新的制度压力，从而导致新的制度逻辑的形成，此时，权力结构与制度逻辑就出现非匹配式耦合，导致董事的身份认知与行动方式出现不一致。

6.2.2　国有董事和民营董事的合作行动

已有研究表明，合作双方在合作过程中主要有四种行动。一是回避行动。该模式下，合作双方的分歧很小或分歧太大，难以解决，但即便双方存在冲突，也会试图回避冲突，暂时维持平衡。二是妥协行动。该模式下，一方为了抚慰另一方，可能愿意把对方的利益置于自己的利益之上，愿意牺牲自我，而屈从于他人。三是协商行动。当双方利益一致且都很重要时，双方积极协作，不断沟通，解决问题，互惠互利，合作共赢。四是竞争行动，即合作双方均坚持自我，要么你对我错，要么我对你错（Blake，1964）。

在混改情境下，国有和民营双方董事的行为互动是相互关联的，他们彼此互动，通过语言和行为，不断地表明他们的行动意图、行动方式及其对情况的理解。国有和民营双方董事行动方式不同，互动行动模式也会有所不同，从而产生不同的合作结果（吴菲，2020；宋美，2023）。通过对案例企业的研究，我们发现国有董事和民营董事受身份识别影响而形成角色行动相互作用，从而形成三种合作行动模式：回避行动、妥协行动与协商行动，如图6-4所示，具体编码结果如表6-3所示。

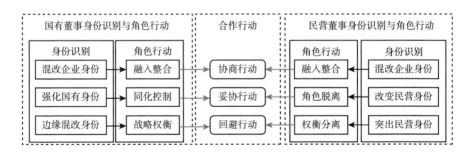

图6-4　混改企业国有和民营双方董事的合作行动

表6-3　　　　　　　　　　国有和民营双方董事的合作行动编码

主范畴	副范畴	概念化	标签	典型证据援引
合作行动	回避	分歧小	冲突很少	D41：在美联美，国有和民营双方合作很少出现冲突，没有特别大的矛盾
			目标管理	D43：国有方在授权经营的同时，给企业明确提出三点要求：一是保证国有资产不流失，二是确保技术发展达到行业领先水平，三是力争企业上市

续表

主范畴	副范畴	概念化	标签	典型证据援引
合作行动	回避	分歧协调难	未享受支持	D71：混改后，国有方对企业的实质性支持很少，没有给予足够的资源和政策倾斜
			差异难以协调	D32：民营方和国有方在立场上是不一样的。国有方追求社会效益，稳定合规是第一位的；民营方追求经济效益，利润是第一位的。面对很多问题，双方都不愿意让步，很难协调
		避免冲突	私下沟通	D41：当出现冲突了，国有与民营双方一般都私下沟通，尽可能解决
			回避冲突	D42：企业遇到问题，都是民营方自己解决，国有方很少参与，这样也没有矛盾
				D71：在决策过程中遇到难以协调的矛盾时，如果不是很关键的问题，民营和国有双方一般都会持保留意见
		未达预期目标	发展瓶颈	D21：在这种管控体系之下，企业缺乏决策权，法人治理是个空架子，没有发挥实际作用，这导致企业发展存在一些问题
				D41：企业的发展还是遇到了一些困难，需要寻找新的合作伙伴与支持
				D71：企业一直处于亏损状态
	妥协	权力差异	民营权力受限	D52：以前企业规模小，老板权力大，一个人说了算，而混改企业比较规范，每个人分工明确，个人权力受到很多限制
			民营方弱势地位	D52：国有方掌握绝对的话语权，民营方相对国有方处于绝对弱势
		妥协配合	民营妥协	D51：即使民营方有意见，也会妥协，因为业务和盈利都需要国有方的资源
			民营配合	D52：我现在一般的做法就是跟民营方商量，讲清利和弊，一般情况下民营方都会很好地配合
		促进发展	平稳发展	D52：在国有方的支持下，企业现在处于一个稳步发展的阶段
			依靠国有生存	D52：这个企业没有国有方的支持就没办法生存，是国有方给它业务，让它有利润

主范畴	副范畴	概念化	标签	典型证据援引
合作行动	协商	分歧大	股东分歧	D11：不仅民营股东与国有股东有分歧，包括民营股东之间也会有分歧
			决策冲突	D62：合作过程中，国有方和民营方在用人、项目执行等各方面都存在分歧
			政策制度执行冲突	D12：国有方将国有的管理制度、管理措施推行到混改企业时，企业内部总是有阻力
				D12：国有方与民营方对一些国家政策的理解与执行也存在不一致
		协商一致	积极沟通	D82：分歧出现的时候，国有和民营双方一般都会积极沟通，争取达成一致意见，再上会投票表决
			统一思想	D12：对政策执行所面对的阻力，国有方往往会主动做工作，统一思想
			统一目标	D61：有不同意见是正常现象，大家要心往一处想，为了企业的发展同谋共进
		优势互补	齐心协力	D82：各方股东相互尊重，按照法律制度、政策的规定履职尽责，行使权力，这保障了企业的顺利发展
				D12：尽管合作中也有各种问题出现，但整体上合作很愉快，各方股东基本都能排除私心杂念，为了企业的发展努力
			发展迅速	D61：和陕煤合作以来，无论是在发展规模、增长速度还是赢利状况上，企业都有了很大的提升
				D82：企业现在发展势头好，利润水平也高，将来还要评陕西省煤矿标杆企业

（1）回避模式：一方战略权衡行动与另一方权衡分离行动的互动

在混改企业中，当双方面临的分歧很小时，或者分歧很大且难以解决时，往往不会公开讨论和处理冲突，而是尽力避免冲突或私下沟通解决，即采用回避模式（Tjosvold，2003；Ting – Toomey et al.，1991）。

国有董事的战略权衡行动与民营董事的权衡分离行动相互作用，形成以回避为特征的合作模式。该模式下，国有董事更重视其国有身份，行为规范符合国有股东代言人角色，其角色行动表现为战略权衡模式，尽可能在给予民营方充分的自主权的情况下为混改企业提供资源和保障；相应地，民营董事拥有很大的自主权，更突出其民营身份，其行为规范符合民营股东代言人角色的期望，其角色行动表现为权衡分离模式，即尽可能最大化利用国有资源实现自身目标。一方的战略权衡行动与另一方的权衡分离行动相互互动，一方依据战略重要性提供资源，另一方充分利用所得到的资源，双方珍惜这种潜在冲突和分歧较小的互动模式，会尽量避免冲突的发生，即便有冲突，也会争取私下沟通解决。这便是回避模式。

　　美联美、神木电化、神木能源和神木富油的国有和民营双方董事间的合作就是回避模式的典型例子。对于美联美来说，双方分歧较小。国有方对民营方实行目标管理，给予民营方充分的自主空间，干预少，导致潜在分歧少。"国有方在授权经营的同时，给企业明确提出三点要求：一是保证国有资产不流失，二是确保技术发展达到行业领先水平，三是力争企业上市"（D43）。因此，双方实际上也很少发生冲突，正如美联美民营董事所说，"在美联美，国有和民营双方合作很少出现冲突，没有特别大的矛盾"（D41）。即使存在冲突，也会采取私下沟通和回避冲突两种方式。遇到分歧，双方"一般都私下沟通，尽可能解决"（D41），而且国有方也尽可能回避冲突的发生，正如美联美的国有董事所说，"遇到问题，都是民营方自己解决，国有方很少参与，这样也没有矛盾"（D42）。对于神木能源来说，双方分歧过大而难以达成一致，其国有董事谈道，"民营方和国有方在立场上是不一样的。国有方追求社会效益，稳定合规是第一位的；民营方追求经济效益，利润是第一位的。面对很多问题，双方都不愿意让步，很难协调"（D32）。对于神木电化和神木富油来说，国有方对于民营方的支持较少，同时管控较强，民营方利益受到损害，因此存在不满，但因为国有方掌握更多的话语权，因此选择回避以避免冲突。例如，在神木电化，"混改后，国有方对企业的实质性支持很少，没有给予足够的资源和政策倾斜"（D71）。因此，"在决策过程中遇到难以协调的矛盾时，如果不是很关键的问题，民营和国有双方一般都会持保留意见"（D71）。回避型合作模式下，混改企业相对自由，国有方的管控较少，但给予的资源支持也少，因此混改并未达到理想的状态。正如美联美的民营董事所说，"企业的发展还是遇到了一些困难，需要寻找新的合作伙伴与支持"（D41）。神木电化的民营董事也表示，"企业一直处于亏损状态"（D71）。神木富油的民营董事谈道，"在这种管控体系之下，企业缺乏决策权，法人治理是个空架子，没有发挥实际作用，这导致企业发展存在一些问题"（D21）。

（2）妥协模式：一方同化控制行动与另一方角色脱离行动的互动

在混改企业中，当合作双方中的一方处于弱势地位时，处于弱势的一方可能就会对另一方退让，牺牲自己的利益去满足另一方的需求，即采取妥协模式（Rahim，2002）。

国有董事的同化控制行动与民营董事的角色脱离行动相互作用，就形成了以妥协为特征的合作模式。该模式下，国有董事不断强化其国有身份，其行为规范更符合国有股东代言人角色的要求，其角色行动表现为充分利用国有控制力，对民营方实现同化控制；相应地，民营董事会逐步改变其民营身份，并在行动上逐步放弃和脱离其股东代言人角色，在管理理念、管理方式、工作生活作风等方面都不断向国有方靠拢，行为规范符合混改企业董事的角色期望。一方的同化控制行动与另一方的角色脱离行动相互互动，一方非常强势，一方尽可能忍让。这便是以民营方妥协为特征的合作模式。

华海工贸的国有和民营双方董事之间的合作属于妥协模式。采取妥协模式的前提条件主要是双方存在权力差异。例如，在华海工贸，民营方权力受到限制，处于弱势地位，"以前企业规模小，老板权力大，一个人说了算，而混改企业比较规范，每个人分工明确，个人权力受到很多限制"；混改后，"国有方掌握绝对的话语权，民营方相对国有方处于绝对弱势"

（D52）。在国有方主导下，民营方妥协配合是处理分歧和冲突的主要方式。民营方遇到冲突时会妥协，正如华海工贸的民营董事所说，"即使民营方有意见，也会妥协，因为业务和盈利都需要国有方的资源"（D51）。民营方也会积极配合国有方的主导，例如，华海工贸的国有董事谈道，"我现在一般的做法就是跟民营方商量，讲清利和弊，一般情况下民营方都会很好地配合"（D52）。妥协型合作模式下，混改企业都能够按照国有意愿发展，而民营方利用国有方强大的资源与实力实现了生存和发展，但作用发挥相对有限，混改成为民营方通过获得国有资源支持、实现生存的途径。例如，华海工贸"在国有方的支持下，企业现在处于一个稳步发展的阶段"（D52），但"这个企业没有国有方的支持就没办法生存，是国有方给它业务，让它有利润"（D52）。

（3）协商模式：双方融入整合行动的互动

在混改企业，当合作双方势均力敌或者双方利益高度一致时，面对冲突，双方会把冲突视作一个需要共同考虑和解决的问题，会主动与对方共同寻求解决的办法，而无须任何人做出让步，即采取协商模式（于静静，2015）。

国有董事与民营董事都采取融入整合行动，双方共同行动、相互作用，就形成了以协商为特征的合作模式。该模式下，无论是国有董事还是民营董事，双方愿意以混改身份进行自我定义，都能积极采取融入整合行动，主动融入混改企业，兼顾整合双方利益，承担混改企业董事的角色职责，发挥各自优势并整合双方优势。双方的融入整合行动相互互动，给予合作方友好的行动反馈，有助于双方在遇到分歧时能够更好地理解对方，并找到双方能够协商的空间。这便是以协商为特征的合作模式。

北元化工、龙华矿业、陕煤供应链这三家企业的合作属于协商模式。协商模式主要表现为双方存在分歧，但能够通过协商一致来共同解决冲突。在协商模式下，双方分歧大。比如，对于北元化工来说，"不仅民营股东与国有股东有分歧，包括民营股东之间也会有分歧"（D11）；同时，"国有方将国有的管理制度、管理措施推行到混改企业时，企业内部总是有阻力。国有方与民营方对一些国家政策的理解与执行也存在不一致"（D12）；在陕煤供应链，"合作过程中，国有方和民营方在用人、项目执行等各方面都存在分歧"（D62）。面对冲突和分歧，双方通过协商一致来解决，积极沟通，争取达成一致意见。比如，在龙华矿业，"分歧出现的时候，国有和民营双方一般都会积极沟通，争取达成一致意见，再上会投票表决"（D82）；北元化工则争取统一各方股东的思想，"对政策执行所面对的阻力，国有方往往会主动做工作，统一思想"（D12）；陕煤供应链争取统一双方的目标，认为"有不同意见是正常现象，大家要心往一处想，为了企业的发展同谋共进"（D61）。通过协商一致，各方优势互补，混改成效显现。比如，龙华矿业各合作方齐心协力，"各方股东相互尊重，按照法律制度、政策的规定履职尽责，行使权力，这保障了企业的顺利发展"（D82）；北元化工各方合作愉快，"尽管合作中也有各种问题出现，但整体上合作很愉快，各方股东基本都能排除私心杂念，为了企业的发展努力"（D12）。这三家企业在业务规模、品牌效应、利润增长等方面都发展迅速，龙华矿业"现在发展势头好，利润水平也高，将来还要评陕西省煤矿标杆企业"（D82）；北元化工已成功上市，成为陕煤化集团和所在区域混改成效显著的品牌示范[①]；陕煤供应链尽管还在初创期，但业务已初具规模，"和陕煤合作以来，无论是在发展规模、增长速度还是赢利状况上，企业都有了很大的提升"（D61）。

6.3 双方角色行为互动与组织秩序

贝沙洛夫和史密斯（Besharov & Smith，2014）提出了多重制度逻辑的

---

① 资料来源：陕西煤业化工集团有限责任公司网站（https://www.shccig.com）。

兼容性和中心性。兼容性就是多重制度影响组织核心目标的一致性和行动的程度，多重逻辑影响组织核心目标的一致性程度越高，兼容性就越高；中心性是指多重制度逻辑在组织核心功能特征中的表现程度，也就是组织中的多个制度需求渗透到组织核心工作活动中的程度。如果单一逻辑主导，则中心性低；如果多重逻辑主导，则中心性高。这两个维度的不同组合就形成了四种组织秩序：一是联盟型（高中心—高兼容），二是疏远型（低中心—低兼容），三是对抗型（高中心—低兼容），四是主导型（低中心—高兼容）。

在混改企业，董事并非双重制度逻辑和权力结构的被动承接者，而是能够主动进行策略响应（Thornton & Ocasio，2008）。国有和民营双方董事间不同的合作行动模式会影响混改企业组织秩序的生成，进而影响混改企业初始制度逻辑以及权力结构的改变。通过案例研究可知，国有和民营双方董事的不同合作行动模式形成了三种不同的组织秩序，即联盟型、疏远型以及主导型，具体如图 6-5 所示，编码如表 6-4 所示。

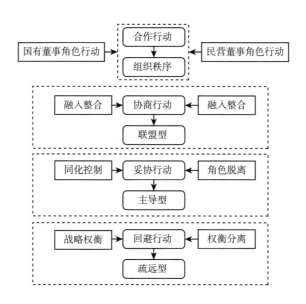

图 6-5　混改企业国有和民营双方董事行为互动与组织秩序类型

表6-4 组织秩序编码

主范畴	副范畴	概念化	标签	典型证据援引
兼容性	高兼容	核心目标认知一致	发展目标认知一致	D12：企业快速发展是国有和民营股东的共同目标
				D51：对于国有方的要求，民营方都会尽量配合，这样企业才能稳定发展
				D61：企业当前的目标是利用市场化机制快速把规模做起来，这一点国有方和民营方都有共同认知
			社会责任目标认知一致	D11：企业都应该承担社会责任，民营企业也不例外
				D81：龙华矿业是国有品质，民营机制，既追求利益最大化，又承担社会责任
		核心目标实现	发展目标实现	D11：合作以后，企业规模从几个亿扩张到几百亿，企业利润也从几千万增长到20亿，员工人数也从几百人增加到几千人，社会影响迅速扩大
				D52：企业业务收入一年两三百个亿，这一点与混改之前形成鲜明对比
				D62：企业虽然刚组建不久，但是发展非常迅速，业务范围和市场布局不断扩大
				D82：企业获得良性发展，经济效益迅速增长，现金流宽松，对外独自投资了70多个煤化工项目
			社会责任目标实现	D81：企业积极参与乡村振兴，比如承包土地、帮扶农民等
				D11：企业承担了很多公益扶贫项目
	低兼容	核心目标缺乏共识	研发投入缺乏共识	D21：企业加大力度进行行业前沿技术的研发投资，这样有助于走在市场前端，降低成本，提高利润
				D22：有些技术研发项目的资金量过大，国有方不会轻易地投资
			人才薪资缺乏共识	D41：美联美为了抢到市场上优秀的技术研发人员，会给出具有竞争力的薪酬待遇，但是过高的薪酬待遇不符合国有方的薪资标准
			决策难以达成共识	D32：目前来看，沟通协调耗费了大部分的精力，国有和民营双方分歧太多，难以达成统一，这导致经营层很难决策
				D72：混改企业实际上就是披着混改衣服的国有企业。如果过度强调民营方的市场化优势，反而会造成日常经营过程中的决策分歧

续表

主范畴	副范畴	概念化	标签	典型证据援引
中心性	高中心	双重逻辑渗透	互补渗透	D11：国有股东在企业融资、争取政策支持、优秀人才吸引等方面发挥了很好的作用，而民营股东在企业的采购、销售等市场化经营中发挥了重要作用
				D61：有了国有大平台，吸引资金容易多了，加之民营方对业务的熟悉度，混改后企业效益非常好
			融合渗透	D82：合作之后，既吸收了民营方决策敏捷、反应快速的优势，又吸收了国有方制度规范、技术先进的优势，企业通过融合双方优势，发挥出最大效能
	低中心	单一行政逻辑渗透	国有资源渗透	D21：国有方实力强大，尤其为企业急需的技术研发持续提供了资金支持。正因如此，企业日常经营主要服从国有方的安排，而民营方的许多诉求则难以实现
				D51：国有方通过政策倾斜给了企业很多业务支持，企业的业务模式以及管理体系都遵循国有方的管理逻辑展开
			国有制度渗透	D31：合作之后，国有方的程序化管理渗透到企业的方方面面。由于流程太慢，错失了许多企业发展的良好契机，这使民营方借用国有平台做大做强的诉求难以实现
				D72：合作之后，国有方几乎没给企业发展任何资源，但是企业日常经营还要遵循国有方的制度体系
		单一市场逻辑渗透	民营市场化机制渗透	D41：合作之后，企业的人才吸引、研发机制、市场销售等依然遵循民营企业的市场化机制运行。但是，目前在发展中正遭遇非常大的生存危机，市场和资金都遇到了瓶颈

（1）协商行动与联盟型组织秩序

国有董事和民营董事通过协商合作模式，使混改企业趋向于形成联盟型的组织秩序。联盟型的组织秩序是指，市场和行政双重制度逻辑共同影响组织核心目标的一致性，且共同主导组织核心功能的实现（Besharov & Smith，2014）。

在混改企业中，当国有董事和民营董事都采取融入整合行动时，双方就形成了协商合作模式，即面对冲突时，会把冲突视作一个需要共同考虑和解决的问题，主动与对方共同寻求解决办法。一方面，采取协商合作模式意味着双方能够以积极的视角看待冲突和分歧，找到能够协商的空间。在混改企业中，采取协商合作模式的国有和民营双方董事能够聚焦企业发展中遇到的问题，更为客观地看待双方在管理模式和经营理念上的分歧，以及分歧背后双方所代表的市场逻辑与行政逻辑之间差异，愿意在两种看似对立的逻辑之间找到潜在的一致性。另一方面，采取协商合作模式意味着双方能够主动与对方共同寻求解决办法。在混改企业中，国有和民营双方共同寻求解决办法，意味着通过沟通协调，主动学习并利用双方的优势来解决现实问题，从而有助于双方各自基于市场逻辑和行政逻辑的优势得以以互补的方式发挥。总之，董事间的协商合作模式将使市场逻辑和行政逻辑这两种看似对立的逻辑在混改企业中协调一致，相互兼容并共同发挥作用，即形成联盟型组织秩序。

北元化工、陕煤供应链和龙华矿业属于联盟型组织秩序的例子。首先，表现为行政逻辑与市场逻辑的兼容性，即国有方的行政逻辑与民营方的市场逻辑共同影响混改企业核心目标的一致性。在北元化工、陕煤供应链和龙华矿业三家企业，国有和民营双方董事对于企业核心目标的认知一致且核心目标得以实现。在北元化工，"企业快速发展是国有和民营股东的共同目标"（D12）；而民营方"承担了很多公益扶贫项目"（D11）；双方在目标上的共识和一致使企业发展迅速，"合作以后，企业规模从几个亿扩张到几百亿，企业利润也从几千万增长到 20 亿，员工人数也从几百人增加到几千人，社会影响迅速扩大"（D11）。在龙华矿业，国有和民营双方董事也同样形成了统一的发展目标并驱动目标得以实现。"龙华矿业是国有品质、民营机制，既追求利益最大化，又承担社会责任"（D81），双方目标的统一推动"企业获得良性发展，经济效益迅速增长，现金流宽松，对外独自投资了 70 多个煤化工项目"（D82）。在陕煤供应链，国有和民营双方董事对于业务目标也有统一认知，"企业当前的目标是利用市场化机制快速把规模做起来，这一点国有方和民营方都有共同认知"（D61），"企业虽然刚组建不久，但是发展非常迅速，业务范围和市场布局不断扩大"（D62）。其次，表现为行政与市场双重逻辑的高中心性，即国有方的行政逻辑与民营方的市场逻辑都很好地渗透在组织核心功能中，并使国有方在制度与资金上的优势以及民营方的决策效率优势得以互补。以北元化工为例，"国有股东在企业融资、争取政策支持、优秀人才吸引等方面发挥了很好的作用，而民营股东在企业的采购、销售等市场化经营中发挥了重要作用"（D11）。龙华矿业在"合作之后，既吸收了民营方决策敏捷、反应快速的优势，又吸收了国有方制度规范、技术先进的优势，企业通过融合双方优势，发挥出最大效能"（D82）。对于陕煤供应链来说，"有了国有大平台，吸引资金容易多了，加之民营方对业务的熟悉度，混改后企业效益非常好"（D61）。

（2）回避行动与疏远型组织秩序

国有董事和民营董事采取回避合作模式，使混改企业趋向于形成疏远型的组织秩序。疏远型的组织秩序是指，市场和行政双重制度逻辑无法通过兼容形成一致的核心目标，并且只有一种逻辑主导组织核心功能的实现（Besharov & Smith，2014）。

在混改企业中，当国有董事采取战略权衡行动而民营董事采取权衡分离行动时，双方就形成了回避合作模式，即双方面临的分歧相对很小或者分歧很大且难以解决时，往往不会公开讨论和处理冲突，而是尽力避免冲突或私下沟通解决（Tjosvold，2003；Ting-Toomey et al.，1991）。一方面，采取回避合作模式意味着无论分歧大或小，双方都无法直面冲突和分歧，从而难于聚焦并解决问题。在混改企业中，采取回避合作模式的国有和民营双方董事由于无法直面冲突，很难在双方所代表的市场逻辑与行政逻辑之间找到潜在一致性存在的空间。另一方面，采取回避合作模式意味着双方不主动或不公开与对方沟通解决问题。在混改企业中，国有和民营双方沟通解决问题不主动、不公开，就很难意识到对方的资源和优势在解决问题中所发挥的作用，导致市场逻辑和行政逻辑的优势得不到互补。总之，董事之间的回避合作模式既回避了市场逻辑和行政逻辑这两种制度逻辑的对立，也未能创造两种制度逻辑的共存，导致两种逻辑相互不兼容且都无法同时发挥作用，即形成疏远型组织秩序。

神木富油、神木能源、美联美、神木电化属于疏远型组织秩序的例子。首先，表现为行政逻辑与市场逻辑的不兼容或低兼容，即国有方的行政逻辑与民营方的市场逻辑无法共同影响混改企业核心目标的一致性。比如，在神木能源，国有和民营双方难以就目标达成共识。"目前来看，沟通协调耗费了大部分的精力，国有和民营双方分歧太多，难以达成统一，这导致经营层很难决策"（D32）。美联美在发展中没有非常大的冲突，但是国有方和民营方各自有自己的薪酬体系。其民营董事认为，"美联美为了抢到市场上优秀的技术研发人员，会给出具有竞争力的薪酬待遇，但是过高的薪酬待遇不符合国有方的薪资标准"（D41）。在神木富油，民营董事认为应该加大力度研发新技术，"企业加大力度进行行业前沿技术的研发投资，这样有助于走在市场前端，降低成本，提高利润"（D21）；而国有董事则持谨慎态度，"有些技术研发项目的资金量过大，国有方不会轻易地投资"（D22）。在神木电化，由于企业按照国有管理模式经营，因此决策的时候容易引发分歧。其国有董事谈道，"混改企业实际上就是披着混改衣服的国有企业。如果过度强调民营方的市场化优势，反而会造成日常经营过程中的决策分歧"（D72）。其次，表现为行政与市场双重逻辑的低中心性，即行政逻辑和市场逻辑中只有一种有效渗透到组织核心功能中，另一种逻辑则无法有效渗透，从而导致国有方在制度、资金等方面的优势以及民营的决策效率优势没有充分互补。比如，对于美联美而言，"合作之后，企业的人才吸引、研发机制、市场销售等依然遵循民营企业的市场化机制运行。但是，目前在发展中正遭遇非常大的生存危机，市场和资金都遇到了瓶颈"（D41），这正是因为没有充分发挥国有方行政逻辑的作用，难以获得国有方在资金、市场和政策方面的有效支持。对于神木能源来说，其民营董事认为，"合作之后，国有方的程序化管理渗透到企业的方方面面。由于流程太慢，错失了许多企业发展的良好契机，这使民营方借用国有平台做大做强的诉求难以实现"（D31）。神木富油的民营董事谈道，"国有方实力强大，尤其为企业急需的技术研发持续提供了资金支持。正因如此，企业日常经营主要服从国有方的安排，而民营方的许多诉求则难以实现"（D21）。在神木电化，其民营董事认为国有方的支持力度不够，"合作之后，国有方几乎没给企业发展任何资源，但是企业日常经营还要遵循国有方的制度体系"（D71）。可以看出，国有方对市场逻辑制度需求的抵触以及民营方对行政逻辑制度需求的抵触，导致市场和行政两种制度逻辑都无法共同有效渗透到组织的核心功能中，双方优势不能有效互补。

（3）妥协行动与主导型组织秩序

国有董事和民营董事采取妥协合作模式，使混改企业趋向于形成特定逻辑主导的组织秩序。主导型的组织秩序是指，市场和行政双重制度逻辑通过兼容形成一致的核心目标，却只有一种逻辑主导组织核心功能的实现（Besharov & Smith，2014）。

在混改企业中，当国有董事采取同化控制行动而民营董事采取角色脱离行动时，双方就形成了妥协合作模式，即当合作双方中的一方处于弱势地位时，处于弱势的一方就可能对另一方退让，牺牲自己的利益去满足另一方的需求（Rahim，2002）。一方面，采取妥协合作模式意味着合作双方能够直面现存的分歧或者权力差异，并对此已形成共识。在混改企业中，采取妥协合作模式的国有和民营双方董事能够直面双方由于控制配置或依赖关系所带来的话语权差异，能够直面双方所代表的市场逻辑与行政逻辑之间的差异。另一方面，采取妥协合作模式意味着一方的主动攻势和一方的退让性配合。在混改企业中，面对内部的分歧与冲突，一方表现出强势"进攻"，而另一方表现出退让性配合，这就为强势一方所代表的制度逻辑发挥作用提供了相对融洽的空间。总之，董事之间的妥协合作模式以一方的退让实现了市场逻辑和行政逻辑两种制度逻辑的兼容，同时使强势一方的制度逻辑有效发挥作用，即形成主导型组织秩序。

华海工贸属于行政主导型组织秩序的例子。首先，表现为行政逻辑与市场逻辑的兼容性，即国有方的行政逻辑与民营方的市场逻辑都共同影响混改企业核心目标的一致性。华海工贸的国有和民营双方董事也同样形成了统一的发展目标并驱动目标得以实现。民营方非常配合工作，使企业在混改后发展壮大，"对于国有方的要求，民营方都会尽量配合，这样企业才能稳定发展"（D51）；"企业业务收入一年两三百个亿，这一点与混改之前形成鲜明对比"（D52）。其次，表现为行政与市场双重逻辑的低中心性，即行政逻辑的制度需求有效渗透到组织核心功能中，但民营方所代表的市场逻辑制度需求未能有效渗透。比如，华海工贸的民营董事谈道，"国有方通过政策倾斜给了企业很多业务支持，企业的业务模式以及管理体系都遵循国有方的管理逻辑展开"（D51）。

6.4　权力结构与制度逻辑的动态性

案例企业的结构情境、董事行动以及组织秩序如表6-5所示。将所生成的组织秩序与初始结构情境进行对比，可以发现存在三种情形。

表6-5　　　　案例企业情境、董事身份认知、角色行动与组织秩序

企业	依赖关系	控制权配置	制度逻辑	国有董事身份建构	国有董事角色行动	民营董事身份建构	民营董事角色行动	合作行动	组织秩序
北元化工	相互依赖	均衡的分权模式	市场逻辑	融合型	融入整合	融合型	融入整合	协商型	联盟型
龙华煤矿	相互依赖	均衡的分权模式	市场逻辑	融合型	融入整合	融合型	融入整合	协商型	联盟型
陕煤供应链	相互依赖	均衡的分权模式	市场逻辑	融合型	融入整合	融合型	融入整合	协商型	联盟型
神木能源	相互依赖	均衡的分权模式	双重逻辑	融合型	战略权衡	融合型	权衡分离	回避型	疏远型

续表

企业	依赖关系	控制权配置	制度逻辑	国有董事身份建构	国有董事角色行动	民营董事身份建构	民营董事角色行动	合作行动	组织秩序
美联美	国有依赖民营	民营占优的放权模式	双重逻辑	边缘化	战略权衡	强化型	权衡分离	回避型	疏远型
神木富油	民营依赖国有	国有占优的集权模式	双重逻辑	强化型	战略权衡	调整型	权衡分离	回避型	疏远型
华海工贸	民营依赖国有	国有占优的集权模式	行政逻辑	强化型	同化控制	调整型	角色脱离	妥协型	主导型
神木电化	民营依赖国有	国有占优的集权模式	双重逻辑	强化型	战略权衡	调整型	权衡分离	回避型	疏远型

　　第一种情形，董事行动稳定和固化了混改企业的初始结构情境。华海工贸和美联美属于这种情形。对于华海工贸来说，初始的结构情境是有利于国有方的权力结构以及行政为主导的制度逻辑，在董事的个体行动以及彼此间的合作行动的作用下，形成了以行政导向的主导型组织秩序。在这种秩序中，只有行政逻辑在组织中凸显，进一步强化了国有方的权力结构和行政主导型制度逻辑。可见，华海工贸的国有和民营双方董事的行动固化了初始的结构情境。对于美联美来说，初始的结构情境是有利于民营方的权力结构以及市场—行政双重制度逻辑的，在董事的个体行动以及国有和民营双方董事的合作行动的作用下，形成了疏远型组织秩序。在这种秩序中，市场和行政两种制度逻辑共同主导意味着双重制度逻辑的固化；两种制度逻辑不兼容则意味着民营方持续不断凸显和强化自己的权力结构，以避免国有方过多干涉。可见，对美联美来说，董事的行动固化了初始的制度情境。

　　第二种情形，董事行动推动了混改企业初始制度逻辑的演进。对于北元化工、龙华煤矿和陕煤供应链三家企业来说，初始的结构情境是相对均衡的权力结构以及以市场为主导的制度逻辑，但在董事的个体行动以及彼此间的合作行动的作用下，最终形成了以市场逻辑和行政逻辑相互兼容、共同主导的联盟型组织秩序。两种制度逻辑共同主导意味着制度逻辑从以市场为主导

149

逐步演变为以市场和行政逻辑共同主导。两种制度逻辑相互兼容则意味着市场力量和行政力量的相互妥协和嵌入，强化了民营方和国有方的相互依赖关系，促使初始的权力结构也更为稳固。

第三种情形，董事行动驱动混改企业初始权力结构的变迁。对于神木富油、神木电化两家企业来说，初始的结构情境是有利于国有方的权力结构以及市场和行政双重制度逻辑，并在董事的个体行动以及彼此间的合作行动的作用下，最终形成了市场逻辑与行政逻辑共同主导但相互难以兼容的疏远型组织秩序。市场与行政逻辑共同主导意味着双重制度逻辑的固化，但两种制度逻辑难以兼容意味着国有方和民营方还存在冲突和权力争斗，即初始相对均衡的权力结构逐渐摇摇欲坠，但是权力结构最终有利于哪一方，取决于双方的行动。

从上述八家企业的具体情况分析可以看出，尽管董事的行动受结构情境的约束和影响，但是通过董事个体的行动智慧，完全可以改变外部的结构情境。比如，对北元化工来说，国有方在最初的合作过程中并没有过于强调行政逻辑约束，但是通过国有和民营双方董事长期协商合作，创造了一个国有和民营双方都可以获益、意志都得以表达的市场—行政双重制度逻辑的结构模式。也就是说，结构情境尽管是给定的，但也是可以改变的，董事个体行动是驱动混改企业外部结构情境变迁的主体力量。董事通过自己的行动，既可以推动外部结构情境朝着有利于企业发展的方向变化，也可以推动外部结构情境朝着不利于企业发展的方向变化。

6.5　本章小结

本章研究董事身份认知和识别对其角色行动的影响，进而对国有和民营双方董事合作行动以及混改企业组织秩序的影响。研究发现，不同情境下，混改企业董事身份认知通过其身份特征识别决定了董事的角色行动。基于此，国有和民营双方形成了不同类型的合作行动，从而影响混改企业组织秩序的生成，并推动混改企业制度逻辑和权力结构的变迁。基于案例分析，我们得出以下三个结论。

第一，在权力结构与制度逻辑匹配耦合的情境下，混改企业董事的身份认知与其角色行动是一致的，即董事的身份认知通过其身份特征识别决定了董事的角色行动；在权力结构与制度逻辑非匹配耦合的情境下，混改企业董事的身份认知与其角色行动将出现不一致。

当国有董事采取边缘化身份建构策略时，其身份特征表现为在重视国有身份的同时弱化混改身份。国有董事更强调国有股东代言人角色，而非混改企业董事角色，其角色行动方式以战略权衡为主，即积极发挥自己国有股东代言人角色的优势，为混改企业提供资源和保障，同时兼顾双方利益，为双方沟通搭建桥梁。当国有董事采取强化型身份建构策略时，身份特征表现为延续国有身份与同化民营方身份。国有董事关注其国有股东代言人角色的职责发挥，而忽略其混改企业董事角色的职责，其角色行动方式表现为对民营方的同化控制，即利用强大的资源控制，对民营方在管理上和业务上实现模式同化，从而使国有方意志得以彻底贯彻。当国有董事采取融合型身份建构策略时，身份特征呈现为重视混改身份和以混改身份自我定义两个方面。基于以混改身份自我定义的身份认知与定位，国有董事更强调其混改企业董事角色，而非其国有股东代言人角色，因此其角色行动也以融入整合为主，即整合双方利益，将混改企业看成一个整体，统一双方目标，全力支持民营方，实现双方优势互补。

当民营董事采取强化型身份建构策略时，身份特征表现为强调民营身份与注重自身利益，从而只强调民营股东代言人角色，而非混改企业董事角色，其角色行动方式表现为权衡分离，即划定两种角色边界，并基于民营方自身利益，权衡利用国有资源和优势。当民营董事采取调整型身份建构策略时，身份特征表现为忽略民营身份与认可混改身份，从而更强调混改企业董事角色，而非民营股东代言人角色，其角色行动方式表现为对原有角色的脱离，即任务疏离和意见疏离。当民营董事采取融合型身份建构策略时，身份特征表现为重视混改身份，并以混改身份定义自我，从而关注混改企业董事角色，而非民营股东代言人角色，其角色行动方式表现为对两种角色的整合与融入，即积极融入混改企业，主动承担角色责任，以实现双方优势互补。

需要注意的是，董事身份认知与行动的一致性取决于初始既定权力结构与制度逻辑匹配耦合。混改企业的初始权力结构都必须以混改双方获益为前提，这是权力结构和制度逻辑出现匹配耦合的基础，即有利于民营方的权力结构与市场—行政逻辑匹配耦合，有利于国有方的权力结构与行政逻辑匹配耦合，双方均衡的权力结构与市场逻辑匹配耦合。然而，如果权力结构中存在潜在利益感知受损的一方，那么利益受损方就会采取有利于自己的行动，从而形成制度压力，导致初始制度逻辑出现动态变化，此时，权力结构与制度逻辑出现非匹配式耦合，从而导致董事的身份认知与行动方式出现不一致。

第二，国有董事和民营董事基于各自的身份定位和角色，在认知与行动互动中形成了回避型、妥协型和协商型三种不同的合作行动模式。

在混改企业中，国有和民营双方董事的认知与行为互动形成了三种不同类型的合作行动模式。第一种是回避型行动模式，是指在混改企业，双方面临的分歧很小或者分歧很大且难以解决时，往往不会公开讨论和处理冲突，而是尽力避免冲突或私下沟通解决，维持平衡的行动模式。国有董事的战略权衡行动与民营董事的权衡分离行动相互作用，形成以回避为特征的合作模式。双方采取回避行动，导致国有方的资源不能被充分有效利用，不利于企业的发展，混改难以达到理想的状态。第二种是妥协型行动模式，是指当混改企业的合作双方中有一方处于弱势地位时，处于弱势的一方可能会对另一方退让，牺牲自己的利益去满足另一方的需求的行动模式。国有董事的同化控制行动与民营董事的角色脱离行动相互作用，形成了以妥协为特征的合作模式。民营方的妥协退让有助于混改企业国有股东意志和意愿的达成，但民营方并未真正发挥其优势和作用，从而可能也会存在国有方被民营方裹挟的现象发生。第三种是协商型行动模式，是指混改企业中合作双方势均力敌或者双方利益高度一致时，面对冲突，双方会把冲突视作一个需要共同考虑和解决的问题，主动与对方共同寻求解决的办法，而无须任何人做出让步的行动模式。国有董事与民营董事同时采取融入整合行动，双方共同行动、相互作用，形成了以协商为特征的合作模式。双方的协商合作行动有助于发挥双方的优势，优势互补，兼顾双方利益，从而推进企业快速发展，达成混改目标。

第三，基于国有和民营双方董事间的合作互动，混改企业形成了不同的组织秩序，进而影响组织制度逻辑和权力结构的改变。

当国有董事和民营董事都采取融入整合行动时，混改企业中会形成联盟型的组织秩序。国有和民营双方董事的角色相互融合，市场逻辑和行政逻辑相互兼容，共同主导，促使混改双方优势和资源得以充分发挥，企业快速发展。当国有董事采取战略权衡行动，而民营董事采取权衡分离行动时，混改企业中会形成疏远型的组织秩序。国有和民营双方董事都会根据不同的情境选择不同的角色加以应对，混改企业中市场逻辑和行政逻辑相互竞争，都难以成为企业的主导逻辑，国有方和民营方始终处于制度和权力的博弈之中，企业发展时快时慢，难以突破瓶颈。当国有董事采取同化控制行动，而民营董事采取角色脱离行动时，混改企业中会形成行政主导型的组织秩序，行政逻辑胜出，市场逻辑退出，企业按照集团化管控的单元稳定发展。也就是说，联盟型和主导型的组织秩序都能够推动企业稳定发展，而疏远型组织秩序不是一种稳定的制度状态，使企业一直处于权力竞争和制度博弈当中，从而导致企业发展不稳定。

更重要的是，不同的组织秩序会改变初始的制度逻辑和权力结构。混改企业中，市场与行政并重的联盟型组织秩序改变了初始的市场制度逻辑，强化了双方相互依赖的权力结构；以行政为主导的制度逻辑则强化了初始的行政制度逻辑，也强化了国有强、民营弱的权力结构；市场与行政相互竞争的疏远型组织秩序则继续维持初始市场—行政双重制度逻辑的存在和竞争，使初始相对均衡的权力结构转变为相互博弈和争斗的权力结构状态。

值得注意的是，导致制度逻辑和权力结构变化的核心力量是国有和民营双方董事的行动。因此，尽管董事的行动受制于各种结构情境因素，但是董事的行动也是导致各种结构情境因素变化的主体性力量。董事通过自己的行动，既可以推动外部结构情境朝着有利于企业发展的方向变化，也可以推动外部结构情境朝着不利于企业发展的方向变化。可以说，混改所取得成效的差异源于人的因素，即董事的行动。

第7章

研究结论与讨论

7.1　研究结论

　　本书基于结构—行动研究范式，结合制度主义、权力结构以及主体能动性三个理论视角，围绕混合所有制改革成效的差异性问题，聚焦混改企业董事的认知和行动，通过对陕煤化集团企业的八家下属混改企业进行案例比较研究，探讨在市场—行政双重制度逻辑、控制权配置以及资源依赖关系等多种相互耦合的结构情境因素背景下，国有和民营双方董事的身份认知形成过程以及角色行动策略；同时，探讨了国有和民营双方董事基于身份认知基础上的角色互动过程，分析双方合作行动的形成以及组织秩序的生成，强调了董事认知与行动对组织制度逻辑、控制权配置以及资源依赖关系等结构情境的反馈影响。本书主要包括三个研究。第一个研究围绕混改企业董事身份认知形成过程，探讨控制权配置方式与资源依赖关系两个结构情境因素下，国有董事和民营董事的身份识别和身份建构，即"我是谁"。第二个研究围绕混改企业董事的角色行动过程，探讨市场—行政双重制度逻辑情境下，国有董事和民营董事所采取的不同的角色行动，即"我该如何行动"。第三个研究则基于第一个和第二个研究的结果，根据认知决定行动以及行动决定结构的逻辑，探讨混改企业中国有董事和民营董事的身份识别是如何影响其各自的角色行动策略以及国有和民营双方董事的合作行动与组织秩序的生成。具体研究结论体现在三个方面。

结论一：混改企业中，控制权配置与资源依赖关系决定了混改参与者的话语权大小，是影响国有董事和民营董事身份认知和身份建构的关键情境因素。在控制权配置和资源依赖关系相互耦合的特定情境下，国有董事与民营董事的身份建构策略是匹配互补的，这支撑了混改企业的稳定和发展。

当国有依赖民营资源且控制权配置为民营占优的放权模式时，民营方的话语权更大。此种情境下，国有董事会采取边缘化身份建构策略，即无论是国有身份还是混改身份，其都不关注，而是关注其在其他企业中的身份；民营董事则会采取强化型身份建构策略，即通过延续和凸显其非国有或高管的方式来强化其民营身份，边缘化混改企业董事身份。国有董事的身份边缘化策略为民营董事拥有更大的话语权提供了空间；而民营董事则通过民营身份强化策略，确保了其在董事会中优势和价值的发挥。双方这种互补的身份建构方式支撑了混改企业的稳定和发展。

当民营依赖国有资源，控制权配置为国有占优的集权模式时，国有方的话语权更大。此种情境下，国有董事会采取强化型身份建构策略，即通过延续其国有身份、强调国有影响力以及以同化民营方三种策略，不断强化其国有身份；而民营董事会采取调整型身份建构策略，即通过利益的获取来判断是否能从国有身份获利，倾向选择能够使之获益的身份。国有董事通过国有身份强化策略来确保其对董事会的主导，而民营董事通过调整其民营身份，不断适应国有方的规范和要求。双方这种互补的身份建构方式也支撑了混改企业的稳定和发展。

当双方资源相互依赖，控制权配置为均衡的分权模式时，双方话语权相当。此种情境下，国有董事和民营董事都采取融合型身份建构策略。国有董事通过积极融入混改企业、主动发挥个体价值以及凸显混改企业新身份三种策略，逐步实现从原国有身份向混改企业董事身份的转变。而民营董事则通过积极融入混改企业、主动改变认知以及行为方式三种策略，逐步实现从非国有身份向混改企业董事身份的转变。国有董事与民营董事双方都将混改企业作为自我定义的参照，积极地实现从国有身份或非国有身份向混改身份的转变。双方董事身份认知上的一致和匹配，促进了企业的发展与进步。

结论二：混改企业市场—行政双重制度逻辑的竞争和兼容，作为一种制度情境，决定了混改参与者的行为规则，影响国有董事和民营董事的角色及其行动方式。而且，在特定制度逻辑主导情境下，国有董事与民营董事角色行动是互补和匹配的，这支撑了混改企业的稳定和发展。

在市场制度逻辑驱动下，国有董事能够充分意识到双方积极交流、发挥民营方优势、实现双方优势互补等市场化行为规范的价值。此时，国有董事作为国有股东代言人，与混改企业董事角色的期望相一致，这促使国有董事采取融入整合行动，从而有效发挥两个角色的价值和职能。对于民营董事来说，其注意力聚焦于经营自主、追求效益、特事特办等市场逻辑下的行为规范。此时，民营董事作为混改企业董事与民营股东的角色期望是一致的，从而自然而然地采取融入整合行动，将民营股东代言人角色与混改企业董事角色整合起来。也就是说，在这一情境下，国有董事与民营董事都不约而同地主动采取融入整合行动，这为发挥自身及对方优势，从而实现双方优势互补奠定了行动基础，支撑了混改企业的稳定和发展。

在行政制度逻辑驱动下，国有董事的注意力在于推广国有控制体系等行政化的行为规范，从而很好地践行国有股东代言人角色的职能，这与作为混改企业董事的角色存在一定冲突和矛盾。因此，国有董事积极采取同化控制行动，即对民营股东实行管理模式同化与业务模式同化，以化解角色冲突，同时也化解了与民营方的冲突。而民营董事则被迫或主动去适应行政化的行为规范。此时，民营董事作为混改企业董事，与民营股东代言人角色的期望不一致，产生角色冲突，从而会通过角色脱离行动，放弃民营股东代言人角色以缓解角色冲突。在这一情境下，国有董事聚焦于国有股东代言人角色，采取同化控制行动来促使民营方行动调整；而民营董事不得不更加关注混改企业董事角色，并采取角色脱离行动来确保国有方对董事会的主导。国有董事的同化控制与民营董事的角色脱离，一进一退，相互匹配，支撑了混改企业的稳定和发展。

在市场和行政双重制度逻辑的共同驱动下，国有董事在推行行政化行为规范的同时，也主动适应市场化行为规范。此时，两种行为规范的相悖和差异导致国有董事同时履行国有股东代言人角色与混改企业董事角色时行为方式产生内在矛盾，导致国有股东代言人角色与混改企业董事角色发生冲突。此时，国有董事会通过战略权衡行动来减少两个角色之间的矛盾。而民营董事在适应行政化行为规范的同时，关注市场化的行为规范。两种行为规范的相悖和差异，导致民营董事同时履行民营股东代言人角色与混改企业董事角色时行为方式产生内在矛盾。此时，民营董事会通过权衡分离行动来减少两个角色对个人行为方式带来的矛盾。在这一情境下，国有董事采取战略权衡行动，即依据战略重要性对两种角色的价值来权衡行动；而民营董事采取权衡分离行动，即依据情境重要性对两种角色的价值来权衡行动。二者在行动上的权衡原则确保了双方在行动上一致和匹配，从而促进混改企业的稳定和发展。

结论三：不同情境下，混改企业董事的身份认知通过其身份特征识别决定了董事的角色行动。基于此，国有方和民营方形成了不同类型的合作行动，从而影响混改企业组织秩序的生成，并推动混改企业制度逻辑和权力结构的变化。

在初始权力结构与制度逻辑匹配耦合的情境下，混改企业董事的身份认知与其角色行动是一致的，即董事的身份认知通过其身份特征识别决定了董事的角色行动。在权力结构与制度逻辑非匹配耦合的情境下，混改企业董事的身份认知与其角色行动将出现不一致。初始权力结构与制度逻辑匹配耦合，包括有利于民营方的权力结构与市场—行政逻辑匹配耦合、有利于国有方的权力结构与行政逻辑匹配耦合以及双方均衡的权力结构与市场逻辑匹配耦合三种情况。当双方均衡的权力结构与市场逻辑匹配耦合时，国有董事和民营董事采取融合型身份建构策略，其角色行动以融入整合为主，即整合双方利益，实现双方优势互补。当有利于民营方的权力结构与市场—行政逻辑匹配耦合时，国有董事采取边缘化身份建构策略，角色行动以战略权衡为主，为混改企业提供资源和保障，为国有和民营双方沟通搭建桥梁；民营董事则采取强化型身份建构策略，角色行动以权衡分离为主，权衡利用国有资源和优势，为民营方谋利。当有利于国有方的权力结构与行政逻辑匹配耦合时，国有董事采取强化型身份建构策略，角色行动表现为对民营方的同化控制，使国有方意志得以彻底贯彻；民营董事则采取调整型身份建构策略，角色行动表现为与原民营股东代言人角色脱离，从而确保了国有方意志的落实。

在权力结构与制度逻辑非匹配耦合的情境下，混改企业董事的身份认知与其角色行动将出现不一致。也就是说，如果权力结构中存在潜在利益感知受损的一方，利益受损方就会采取有利于自己的行动方式来形成制度压力，从而导致初始制度逻辑出现动态变化，此时，权力结构与制度逻辑出现非匹配式耦合，导致董事的身份认知与行动方式出现不一致。比如，均衡的分权模式与市场—行政双重逻辑耦合时，由于行政逻辑约束的出现，给民营方带来一定的压力和权力与利益的受损感，即均衡的分权模式与市场—行政双重逻辑是一种非匹配耦合。这就导致国有董事和民营董事即便都采取融合型身份建构策略，但在角色行动上只能分别采取战略权衡和权衡分离，因为双方的融入存在巨大的矛盾和斗争。同样，国有占优的集权模式与市场—行政双重逻辑的耦合也是一种非匹配耦合，因为市场逻辑约束的出现弱化了国有方的权力，而强化了民营方的权力，因此国有董事的强化型身份建构策略只能通过战略权衡而非同化控制的角色行动得以实现。对实现国有意志而言，这也可以说是一种缓和矛盾的智慧。

　　混改企业中，国有和民营双方董事的认知与行为互动形成了回避型、妥协型和协商型三种合作行动模式，进而形成疏远型、主导型与联盟型三种组织秩序。国有董事的战略权衡行动与民营董事的权衡分离行动相互作用，形成以回避为特征的合作模式。双方采取回避行动，导致国有和民营双方的资源都不能被充分有效利用，混改企业形成疏远型的组织秩序，市场逻辑和行政逻辑相互竞争，都难以成为企业的主导逻辑，国有方和民营方始终处于制度和权力的博弈之中，企业发展时快时慢，难以突破瓶颈。国有董事的同化控制行动与民营董事的角色脱离行动相互作用，形成了以妥协为特征的合作模式。民营方的妥协退让有助于混改企业中国有股东意志和意愿的实现，混改企业形成行政主导型的组织秩序，行政逻辑胜出，市场逻辑退出。混改企业按照国有集团管控的单元稳定发展，但民营方并未真正发挥其优势和作用，可能也会存在国有方被民营方裹挟现象的发生。国有董事与民营董事同时采取融入整合行动，双方共同行动、相互作用，形成了以协商为特征的合作模式。协商合作行动有助于发挥双方优势，优势互补，兼顾双方利益，混改企业形成联盟型的组织秩序。市场逻辑和行政逻辑相互兼容，共同主导，促使混改双方优势和资源得以充分发挥，企业快速发展。

　　此外，不同的组织秩序会改变初始的制度逻辑和权力结构。混改企业中，市场与行政并重的联盟型组织秩序改变了初始的市场制度逻辑，强化了双方相互依赖的权力结构；以行政为主导的制度逻辑则强化了初始的行政制度逻辑，也强化了国有强、民营弱的权力结构；市场与行政相互竞争的疏远型组织秩序则继续维持初始的市场—行政双重制度逻辑的存在和竞争，使初始相对均衡的权力结构转变为相互博弈和争斗的权力结构状态。导致制度逻辑和权力结构变化的核心力量是双方董事的行动。董事通过自己的行动，既可以推动外部结构情境朝着有利于企业发展的方向变化，也可以推动外部结构情境朝着不利于企业发展的方向变化。可以说，混改所取得成效的差异源于人的因素，即董事的行动。

7.2　理论贡献

本书采用结构—行动研究范式，聚焦混改企业董事的主体能动性，以制度逻辑、资源依赖等外部结构性情境与董事认知和行动间的互动反馈来解释混改成效的差异性。主要理论贡献有三个方面。

第一，本书采用结构—行动范式，以混改企业董事行为为切入点，为混改成效的差异性提供了一个组织情境—权力互动—个体行动三层次双向反馈的系统性阐释，整合和丰富了混改成效差异性的相关研究，提出董事行动受制度逻辑与资源依赖的约束和影响，同时董事行动又是组织制度和资源的塑造者。当前，对于混改成效差异性的研究主要聚焦在混改的市场—行政制度逻辑（霍晓萍等，2019；石颖，2023）、国有—民营间的控制权争夺（李维安，2022）、国有—民营双方的资源依赖优势互补（段志鹏，2022），以及混改企业董事行动方式四个方面（吴秋生等，2024；独正元等，2024）。这四个方面的研究相对分散，难以呈现混改成效差异性的深层次原因的全貌，无法对不同混改企业的制度逻辑、民营方话语权以及董事行动差异性给出明确的解释。但本书引入结构—行动范式，指出任何一个混改企业的初始制度逻辑、权力结构是既定的，这种不同的初始结构是影响混改企业董事认知和行动，进而影响混改企业行为差异性的原因；更重要的是，董事个体的认知和行动还会影响未来混改企业制度逻辑和权力结构的生成。也就是说，从一个相对长期的动态视角来看，混改企业的制度逻辑以及资源等结构约束是混改企业董事塑造的，混改成效的差异性源于董事行动的差异性。这一结论既是对现有研究成果的系统性整合，又突出了董事主体能动性的作用。

第二，本书从认知能动性和实践能动性两个方面研究董事的主体能动性，并与身份理论相结合，深入研究了混改企业国有董事和民营董事的身份认知和角色行动，丰富了混改背景下董事的相关研究。当前，关于混改企业董事行动的研究很少关注国有董事，而是聚焦民营董事的价值发挥，认为民营股东委派董事是影响混改企业创新、竞争力与经营效率的关键因素（梁上坤，2020；吴秋生，2024；曹晓芳，2022；独正元等，2024）；同时，对国有董事和民营董事的行为都存在一种先入为主的"刻板印象"，比如，认为国有董事行政化、对市场反应迟钝，认为民营董事对市场敏锐、反应快速等。本书基于社会身份理论和角色身份理论，对混改企业国有董事和民营董事行动进行细致分析和解读，提出国有董事和民营董事都面临着原国有身份或民营身份与混改身份双重社会身份的认知冲突。在不同的结构情境下，国有董事会采取边缘化、强化型、融合型三种身份建构策略，而民营董事则会采取强化型、调整型、融合型三种身份建构策略。同时，国有董事和民营董事都面临承担国有股东或民营股东代言人角色与混改企业董事双重角色的潜在角色冲突。在不同的制度情境下，民营董事会采取融入整合、战略分离、角色脱离三种角色行动，而国有董事会采取融入整合、战略权衡、同化控制三种角色行动。更为重要的是，我们发现，在特定情境下，国有董事与民营董事间身份策略和角色行动的高度互补性支撑了混改企业的稳定和发展。这些研究成果为董事行为的价值发挥提供了更深入的刻画和解读，是对混合所有制改革背景下董事相关研究的丰富和深化，也是对身份理论在混改企业研究领域的拓展性应用。

第三，本书基于认知决定行动与行动决定结构的逻辑，在身份定位和角色行动基础上，认为混改企业国有董事与民营董事间合作行动的形成过程及其对组织秩序影响，很好地解释了董事行为互动对组织制度逻辑的影响，也拓展了多重制度逻辑复杂性在混改企业中的应用。混改企业是在资源依赖基础上，国有方与民营方相互合作的经济组织，但是学界对于国有董事和民营董事合作行动的研究成果极少。同时，贝沙洛夫和史密斯（Besharov & Smith，2014）在制度逻辑复杂性基础上提出多重制度逻辑也可以以相对兼容的方式存在，于是形成逻辑兼容性—逻辑中心性的两维度制度逻辑分析框架，提出联盟型（高中心—高兼容）、疏远型（低中心—低兼容）、对抗型（高中心—低兼容）、主导型（低中心—高兼容）四种组织制度情境类型，但却未能回答这四种组织制度逻辑是初始逻辑，还是不断生成和演进的制度逻辑，尤其没有回答市场—行政双重制度逻辑出现兼容和竞争的原因。本书研究发现，在混改企业中，国有董事和民营董事在角色互动中采取了回避型、妥协型、协商型三种合作行动模式，不同的合作行动导致组织中疏远型、主导型和联盟型三种组织秩序的形成。尤其是在相同的制度逻辑情境下，不同的合作行动模式可能会导致市场—行政双重制度逻辑的兼容，比如联盟型，也可能会导致双重制度逻辑的竞争。显然，这一研究成果不仅验证了混改企业中合作行动的重要价值，证明了混改企业中制度逻辑的演进性，更重要的是，解释了双重制度逻辑呈现出兼容或竞争的差异取决于制度逻辑背后个体能动性力量，这是对新制度理论的丰富和补充。

7.3　政策建议

尽管混改企业所处的制度逻辑和权力结构约束了混改企业董事的认知和行动，但混改企业的董事却可以发挥个体的主体能动性，推动企业制度逻辑和权力结构朝着有利于企业发展的方向演变和改进，这是本书最核心的观点。基于此，我们提出以下三个方面的建议。

首先，混改要取得良好的成效，在混改前，企业应当选择合适的合作伙伴；混改后，参与混改的双方要善于塑造良好的合作氛围，促进双方优势互补，合作共赢。

一方面，混改前，选择合适的合作伙伴至关重要，无论是国有股东还是民营股东，都要重视对合作方的战略、技术、管理模式和团队进行深入调研和考察，确保合作双方的互补性，这是引入良好的制度逻辑和相对平衡的权力结构的前提。对于国有企业来说，在选择民营合作方时，要尽可能选择在产业发展、市场渠道、技术创新或者管理团队等方面具有独特优势的民营企业，选择能够为国有企业的产业链延伸、企业创新、团队灵活性、市场拓展等提供必要的异质性资源的民营企业。这是奠定未来良好合作关系的基础。如果一味地从掌握控制权的角度去考虑选择合作伙伴，而忽略民营方能够为合作提供的独特资源，或者为了混改而混改、随意选择合作伙伴，那么在未来的混改过程中可能陷于被民营合作方所"绑架"的局面，看似掌握了控制权，但却未获得实质性的混改利益，甚至因为引入民营股东而导致国有企业在决策、产业发展以及权益分配等方面的负担。对于民营企业来说，也应重视所合作国有企业的特征，要选择能够在自身主营业务、产业布局、行业领域等方面具有互补优势的国有企业进行合作，借助国有企业的雄厚实力、资源优势以及制度优势，化解自身面临的困境和短板，提升企业合规性和市场竞争力。同时，要善于看到国有企业与民营企业在目标、使命、治理结构、管理体系以及企业文化等方面所存在的显著差异，求同存异，紧紧把握合作机遇，获得新的企业发展机会。

另一方面，实施混改后，参与混改的国有方和民营方都要意识到双方良好合作关系的重要性，营造良好的合作氛围，重视文化融合发挥的引导作用。良好的合作意味着合作双方应树立共同的目标，求同存异、相互妥协、各取所长、优势互补，切勿陷入权力博弈和争斗的困境。国有企业和民营企业在目标定位、价值观念、行为规范等方面确实存在一定的差异。很多混改企业在发展中，合作双方过度关注双方之间的差异，而忽略双方的共同目标以及对方的优势，一味地希望通过获得绝对话语权来控制和改造对方，从而陷入对抗和回避的权力争斗陷阱，使企业内部不和谐的声音蔓延，士气懈怠，贻误了发展时机，阻碍了企业的长远发展。因此，要善于构建混改企业融合文化，树立统一的发展理念和使命目标，增进国有和民营双方对混改企业的文化认同感，营造健康良好的合作氛围，加强企业凝聚力，引导混改企业的健康发展。

其次，混改企业应重视董事的主体能动性作用。无论是国有方还是民营方，都应根据混改企业的特征和要求来选派董事；同时，国有和民营双方董事也应主动发挥主体能动性，为混改企业培育良好的合作氛围以及有利于发展的外部制度环境。

一方面，国有和民营双方股东都应重视委派董事的选择，应根据混改企业的特征和要求来选派董事。首先，要向混改企业推荐具有包容性、善于沟通并能有效处理各种冲突的人选担任董事。这些人选要能够理解国有股东和民营股东在企业发展中思路与理念的差异性，理解双方所处的不同立场以及决策偏好，能够包容不同观点甚至是反对意见，更重要的是，能够通过创造性的合作沟通来处理差异并在一定范围争取达成共识，很好地融合双方优势，取长补短，促进企业发展。其次，还要根据混改企业的特征来选派董事。混改企业的董事委派要根据混改企业的发展状况来选派，既能够服务于国有和民营双方股东的意志，又能够为混改企业所需要的关键组织能力提供个人能力特征的支持；同时，也要注重国有和民营双方所委派董事在管理能力、技术能力的互补性，尤其是对于聘任关键领导岗位的董事选派，更要关注其人格特征与合作方的互补性，以利于切实推进双方的稳步合作。

另一方面，国有和民营双方董事都应积极发挥个人的主体能动性，为混改企业的稳步发展创造良好的合作氛围和外部环境。第一，国有和民营双方董事都应该树立"主动有为、事在人为"的意识，认识到董事个人的主体能动性对混改企业改革成效的主体性作用，意识到尽管董事的认知和行为受制度环境的约束和限制，但董事通过个体的审时度势与合作有为，能够为混改企业营造更加有利的外部环境。第二，对于国有董事来说，要意识到自己不仅仅是国有资本的代言人，要确保国有资产保值增值，同时也要意识到自己作为混改企业董事，应该站在所有股东的立场，以混改企业发展为导向，为混改企业的稳定发展创造良好的条件和环境；对于民营董事来说，应积极参与混改企业治理，通过董事会主动发表观点与提出建议，真正发挥民营方的市场敏锐性和灵活性优势，促进混改企业的市场活力和创新发展。此外，国有董事和民营董事都要认识到自己的局限性以及合作方的优势，认识到只有通力合作、优势互补，才能使混改达到"1＋1＞2"的效果。

最后，政府要坚定不移地推进混改，完善混改的各项制度，为推进混改提供各类支持。

虽然混改发展过程中存在一些问题，但总体来说，我国混改促进了国有企业和民营企业的发展，也为我国经济发展做出了巨大的贡献。因此，要坚定不移地推进和深化混改，为混改进一步提供坚实的制度保障与政策支持。由于混改中不同类型企业存在不同的情况，因此要对不同类型的企业制定不同的政策，统筹协调，出台配套的支持政策，加大对混改的支持力度；健全产权保护机制，确保混改参与各方的利益不受侵害，调动各类资本参与混改的积极性；政府还可以打造混改的示范企业，为混改提供正确的思路与样本，尤其是在合作伙伴选择、股权结构安排、治理结构、激励制度等关键问题上形成可复制、可参考的经验与模式。根据企业的混改情况，总结经验，不断优化混改模式，探索适合不同企业的混改模式。政府要正确定位，发挥好监督者的作用，给予企业充分的经营自主权，不干预企业的经营，利用经济和法律手段对干扰混改企业发展的行为进行规制，为混改企业发展营造一个良好的市场环境。国有资产管理机构要改变集国有资产行政管理和出资人代表于一身的角色，主要以"管资本"方式履行出资人监督职能，实现国有资产监督管理体制由行政管理和管资产向股权管理和管资本的转变。优化管理监督职能，制定出资人权力清单，明确出资人权力边界。

参考文献

[1] 包建华，方世建，刘强强. 身份感知构念下创业动机对创业行为影响研究 [J]. 中南大学学报（社会科学版），2013，19（6）：79-85.

[2] 鲍银胜. 关于我国国有企业特殊股权性质和结构下的法人治理结构模式研究 [J]. 经济问题探索，2010（6）：140-144.

[3] 蔡贵龙，柳建华，马新啸. 非国有股东治理与国企高管薪酬激励 [J]. 管理世界，2018，34（5）：137-149.

[4] 蔡锐. 多重制度逻辑下混改企业制度互补性研究 [J]. 商业经济研究，2022（24）：120-124.

[5] 曹瑾，张东旭，杨蓉. 中国混合所有制改革与微观企业经济后果研究：进展、综述与展望 [J]. 会计研究，2023（2）：65-78.

[6] 曹晓芳，柳学信，吕波. 董事会断裂带对企业战略变革的双重治理效应——子群体嵌入的动态视角 [J]. 技术经济，2022，41（10）：175-187.

[7] 曹晓芳，张宇霖，柳学信，等. 董事会地位断裂带对企业战略变革的影响研究 [J]. 管理学报，2022，19（6）：841-850.

[8] 曾宪聚，林楷斌，张雅慧. 创始企业家身份演变、控制权配置与控制权私利的抑制——雷士照明控制权争夺案例的再剖析 [J]. 西安交通大学学报（社会科学版），2019，39（4）：27-37.

[9] 陈胜蓝，王芳. 终极股东特征、公司多元化与融资约束 [J]. 证券

市场导报，2012（4）：70－77.

[10] 陈武林，陈颖．角色理论视野中的班主任身份认同困境及建构路径 [J]．现代教育管理，2023（5）：82－90.

[11] 陈瑶，余渡．集团层面混合所有制改革与国有企业创新 [J]．经济评论，2024（4）：3－19.

[12] 陈应龙，杨茜茗．"逆向混改"与民营企业创新：资源优势与治理效应视角 [J]．湖南科技大学学报（社会科学版），2024，27（3）：124－134.

[13] 陈颖，吴秋明．中国混改企业公司治理特殊性及治理效率的实证研究 [J]．经济体制改革，2018（4）：116－123.

[14] 崔永梅，李瑞，曾德麟．资源行动视角下并购重组企业协同价值创造机理研究——以中国五矿与中国中冶重组为例 [J]．管理评论，2021，33（10）：237－248.

[15] 戴保民．关于国有企业发展混合所有制的探讨 [D]．北京：中国社会科学院，2017.

[16] 翟华云，郑军．国有企业发展混合所有制经济的现状与障碍——来自于湖北的调查研究 [J]．湖北社会科学，2016（4）：79－82.

[17] 丁华，杨莹．混合所有制改革对企业财务绩效的影响——基于内部控制质量的中介效应 [J]．会计之友，2022（22）：136－143.

[18] 独正元，李彦华．非国有董事治理与混改国企供应链效率 [J]．会计之友，2024（3）：154－161.

[19] 段志鹏．混合所有制改革、金融化程度与国有企业绩效 [J]．会计之友，2022（18）：139－147.

[20] 冯朝军．新时期我国国有企业混合所有制改革路径探索 [J]．技术经济与管理研究，2017（12）：42－46.

[21] 付翠英，葛宝东．国企混改基础及公司治理机制 [J]．北京航空航天大学学报（社会科学版），2022，35（6）：102－111.

［22］付龑钰，韩炜，彭靖．创业网络结构如何动态影响创业学习？——基于资源依赖视角的案例研究［J］．现代财经（天津财经大学学报），2021，41（9）：61－77．

［23］富丽明，田庆．改革开放以来国企混改的实践与认识研究［J］．中国矿业大学学报（社会科学版），2024（6）：1－12．

［24］郭湛．从主体性到交互主体性［J］．理论前沿，2002（12）：8－9．

［25］郝颖．国有企业混合所有制改革：逻辑溯源、演化路径与实践启示［J］．财会通讯，2022（18）：3－8，23．

［26］侯胜利．混合所有制改革与国有商贸流通企业运营效率——基于公司治理与资源禀赋的双重路径分析［J］．商业经济研究，2024（12）：156－159．

［27］黄速建．中国国有企业混合所有制改革研究［J］．经济管理，2014，36（7）：1－10．

［28］霍晓萍，李华伟，孟雅楠，等．混改企业高管薪酬与创新绩效关系研究［J］．投资研究，2019，38（5）：142－158．

［29］霍晓萍，李华伟，邱赛．股权结构、高管薪酬差距与企业绩效［J］．会计之友，2019（18）：25－31．

［30］贾旭东，谭新辉．经典扎根理论及其精神对中国管理研究的现实价值［J］．管理学报，2010，7（5）：656－665．

［31］姜付秀，马云飙，王运通．退出威胁能抑制控股股东私利行为吗？［J］．管理世界，2015（5）：147－159．

［32］蒋衡．西方二十世纪七十年代以来关于教师角色的研究［J］．高等师范教育研究，2002（6）：72－77，57．

［33］蒋煦涵．国有企业混改的股权制衡机制研究——基于东航物流和延长壳牌的双案例分析［J］．当代财经，2022（11）：87－99．

［34］蒋永穆，王运钊．改革开放以来混合所有制的演进脉络、内在逻辑及展望［J］．福建论坛（人文社会科学版），2023（10）：5－17．

[35] 李俊秀. 混合所有制改革、高管激励策略与企业资本配置效率 [J]. 财会通讯, 2022 (8): 40-44.

[36] 李蒙, 李秉祥, 李明敏. 国有控股混改企业股东控制权配置优化研究 [J]. 经济体制改革, 2021 (2): 95-101.

[37] 李胜楠, 朱叱云, 王佳琦, 等. 国企混改中的治理机制非对称性与风险承担 [J]. 南开管理评论, 2024 (8): 1-34.

[38] 李姝. 混改背景下国有科技型企业员工持股计划的实施效果研究 [D]. 天津: 天津财经大学, 2022.

[39] 李维安, 衣明卉. 非实际控制人的董事会话语权对国有企业创新的影响研究 [J]. 经济与管理研究, 2022, 43 (11): 95-114.

[40] 梁上坤, 徐灿宇, 司映雪. 混合所有制程度与公司违规行为 [J]. 经济管理, 2020, 42 (8): 138-154.

[41] 刘汉民, 齐宇, 解晓晴. 股权和控制权配置: 从对等到非对等的逻辑——基于央属混合所有制上市公司的实证研究 [J]. 经济研究, 2018, 53 (5): 175-189.

[42] 刘莉, 任广乾, 孙丰铭. 混合所有制改革、国有股比例与企业价值 [J]. 经济体制改革, 2021 (1): 100-106.

[43] 柳学信, 曹晓芳. 混合所有制改革态势及其取向观察 [J]. 改革, 2019 (1): 141-149.

[44] 逯东, 黄丹, 杨丹. 国有企业非实际控制人的董事会权力与并购效率 [J]. 管理世界, 2019, 35 (6): 119-141.

[45] 罗肖依, 周建. 利益相关者参与控制权争夺的动因研究——宝万控制权之争的案例分析 [J]. 管理案例研究与评论, 2021, 14 (5): 500-517.

[46] 吕文晶, 陈劲, 汪欢吉. 组织间依赖研究述评与展望 [J]. 外国经济与管理, 2017, 39 (2): 72-85.

[47] 马影, 王满. 非国有大股东与国企内部薪酬差距 [J]. 财务研究,

2019（5）：15-28.

[48] 马勇，王满，马影.非国有股东参与治理能提升国企并购绩效吗？[J].管理评论，2022，34（7）：57-70.

[49] 毛宁，杨运杰，尹志锋."单向混改"还是"双向混改"？——民营企业混合所有制改革路径选择对企业创新的影响 [J].经济管理，2023，45（1）：85-104.

[50] 毛新述.国有企业混合所有制改革：现状与理论探讨 [J].北京工商大学学报（社会科学版），2020，35（3）：21-28.

[51] 綦好东，郭骏超，朱炜.国有企业混合所有制改革：动力、阻力与实现路径 [J].管理世界，2017（10）：8-19.

[52] 任广乾，徐瑞，刘莉，等.制度环境、混合所有制改革与国有企业创新 [J].南开管理评论，2023，26（3）：53-65.

[53] 任乐，王倩雯，陈炎.混合所有制改革对国有企业数字化转型的影响研究 [J].科研管理，2024，45（5）：153-162.

[54] 任星耀，廖隽安，钱丽萍.相互依赖不对称总是降低关系质量吗？[J].管理世界，2009（12）：92-105，136，187-188.

[55] 沈昊，杨梅英.国有企业混合所有制改革模式和公司治理——基于招商局集团的案例分析 [J].管理世界，2019，35（4）：171-182.

[56] 沈红波，张金清，张广婷.国有企业混合所有制改革中的控制权安排——基于云南白药混改的案例研究 [J].管理世界，2019，35（10）：206-217.

[57] 沈开艳，刘莎.引入国有资本对民营企业经营绩效的影响及作用机制分析 [J].上海经济研究，2024（5）：86-98.

[58] 石颖，张晓文.混改企业差异化管控模式研究 [J].江淮论坛，2023（1）：59-65.

[59] 宋春霞，马泽璞.国企混改与董事会治理效率的研究综述 [J].

财会通讯，2024（14）：23-29.

[60] 宋佳，张运吉，郑亦成．艰难的进阶者：大学博士后工作时间分配与角色身份认知［J］．中国人民大学教育学刊，2022（4）：51-68.

[61] 苏琪琪，王乐锦，郭紫曦．混合所有制改革背景下国有企业集团差异化财务管控模式构建研究［J］．财务与会计，2024（2）：40-42.

[62] 孙海法，刘运国，方琳．案例研究的方法论［J］．科研管理，2004（2）：107-112.

[63] 孙海法，朱莹楚．案例研究法的理论与应用［J］．科学管理研究，2004（1）：116-120.

[64] 谭洪涛，袁晓星，杨小娟．股权激励促进了企业创新吗？——来自中国上市公司的经验证据［J］．研究与发展管理，2016，28（2）：1-11.

[65] 唐慧洁，罗瑾琏，易明，等．科创企业创新悖论的主动应对机制——基于管理者角色身份建构的探索性案例研究［J］．管理世界，2023，39（10）：189-205.

[66] 童有好．发展混合所有制经济应着重解决六个问题［J］．经济纵横，2014（8）：5-7.

[67] 王斌，毛聚，张晨宇．控股股东声誉资本、大股东联盟与股东资源效应——基于创业板IPO前后的经验证据［J］．北京工商大学学报（社会科学版），2023，38（4）：73-88.

[68] 王才康，胡中锋，刘勇．一般自我效能感量表的信度和效度研究［J］．应用心理学，2001（1）：37-40.

[69] 王雪梅．混改背景下国企股权结构与公司绩效关系研究［D］．杭州：杭州电子科技大学，2021.

[70] 王艳，年洁，杨明晖．"非国有派"董事与国有企业混合所有制并购绩效［J］．经济管理，2023，45（3）：87-106.

[71] 魏志华，曾爱民，李博．金融生态环境与企业融资约束——基于

中国上市公司的实证研究 [J]. 会计研究, 2014 (5): 73 - 80, 95.

[72] 吴菲. 个体咨询网络中心性对工作重塑的影响机制研究: 角色理论的视角 [D]. 无锡: 江南大学, 2020.

[73] 吴秋生, 李喆赟, 杨瑞平. 分红力度、资本混合度与国企资产保值增值 [J]. 经济管理, 2023, 45 (2): 170 - 187.

[74] 吴秋生, 任晓姝. 参股民企能提高国资报酬率吗? [J]. 南京财经大学学报, 2022 (5): 33 - 43.

[75] 吴延兵. 理解中国经济: 地方官员不确定任职的成本收益分析 [J]. 产业经济评论, 2021 (6): 135 - 152.

[76] 项蕴华. 身份建构研究综述 [J]. 社会科学研究, 2009 (5): 188 - 192.

[77] 谢德仁, 史学智, 刘劲松. 国企瘦身健体改革的成效评估: 基于企业造血功能的视角 [J]. 南开管理评论, 2023, 26 (1): 4 - 19.

[78] 熊爱华, 张质彬, 张涵. 国有企业混合所有制改革对创新绩效影响研究 [J]. 科研管理, 2021, 42 (6): 73 - 83.

[79] 徐华炳, 奚从清. 理论构建与移民服务并进: 中国移民研究 30 年述评 [J]. 江海学刊, 2010 (5): 106 - 113.

[80] 徐鹏, 李廷刚, 白贵玉. 国有资本参股如何影响民营企业投融资期限错配? [J]. 证券市场导报, 2023 (12): 31 - 42.

[81] 许保利. 深化国企改革需要明确的几个问题 [N]. 经济参考报, 2019 - 12 - 09 (007).

[82] 闫明杰, 马逸欣, 罗曼. 逆向混改促进民营企业参与共同富裕实现的内在逻辑、践行路径与保障策略 [J]. 财会通讯, 2024 (14): 16 - 22.

[83] 杨君茹, 吴琦. 中国都市独居青年符号消费与身份建构——基于扎根理论的研究 [J]. 广西财经学院学报, 2023, 36 (4): 80 - 97.

[84] 杨慊, 程巍, 贺文洁, 等. 追求意义能带来幸福吗? [J]. 心理科

学进展, 2016, 24 (9): 1496 - 1503.

［85］杨秀玉, 孙启林. 教师的角色冲突与职业倦怠研究 ［J］. 外国教育研究, 2004 (9): 10 - 13.

［86］姚锺凯, 孙红湘, 程蛟. 混合所有制改革与资本优势互补 ［J］. 财会月刊, 2020 (4): 101 - 107.

［87］于瑶, 祁怀锦. 混合所有制与民营经济健康发展——基于企业违规视角的研究 ［J］. 财经研究, 2022, 48 (3): 33 - 47.

［88］余汉, 杨中仑, 宋增基. 国有股权能够为民营企业带来好处吗? ——基于中国上市公司的实证研究 ［J］. 财经研究, 2017, 43 (4): 109 - 119.

［89］袁碧华. 混改企业控制权多层次配置制度的构建 ［J］. 西南民族大学学报 (人文社会科学版), 2024, 45 (2): 46 - 54.

［90］张吉鹏, 衣长军, 李凝. 国有企业控制权转移对企业风险承担的影响 ［J］. 财贸经济, 2021, 42 (8): 130 - 144.

［91］张新生. 主体能动性研究评述 ［J］. 现代经济信息, 2009 (23): 348 - 349.

［92］赵悦. 非国有股东超额委派董事与企业创新 ［D］. 南昌: 江西财经大学, 2023.

［93］赵志裕, 温静, 谭俭邦. 社会认同的基本心理历程——香港回归中国的研究范例 ［J］. 社会学研究, 2005 (5): 202 - 227, 246.

［94］朱红军. 转轨经济中的公司治理与控制权私人收益 ［J］. 上海立信会计学院学报, 2010, 24 (1): 13 - 18, 97.

［95］竺李乐, 吴福象, 李雪. 民营企业创新能力: 特征事实与作用机制——基于民营企业引入国有资本的"逆向混改"视角 ［J］. 财经科学, 2021 (1): 76 - 90.

［96］Ashforth B E, Mael F. Social identity theory and the organization ［J］. Academy of Management Review, 1989, 14 (1): 20 - 39.

[97] Aghion P, Tirole J. Formal and real authority in organizations [J]. Journal of Political Economy, 1997, 105 (1): 1-29.

[98] Albert S, Whetten D A. Organizational identity [J]. Research in Organizational Behavior, 1985, 14 (7): 263-295.

[99] Ashforth B E, Joshi M, Anand V, et al. Extending the expanded model of organizational identification to occupations [J]. Journal of Applied Social Psychology, 2013, 43 (12): 2426-2448.

[100] Ashforth B E, S B S. Identity under construction: How individuals come to define themselves in organizations [J]. Annual Review of Organizational Psychology and Organizational Behavior, 2016, 3 (1): 111-137.

[101] Becker M, Vlgoles V L, Owe E, Brown R, Smith P B, Easterbrook M, et al. Culture and the distinctiveness motive: Constructing identity in individualistic and collectivistic contexts [J]. Journal of Personality and Social Psychology, 2018, 102 (4): 833-855.

[102] Buchanan L. Vertical trade relationships: The role of dependence and symmetry in attaining organizational goals [J]. Journal of Marketing Research, 1992, 29 (1): 65-75.

[103] Bushman R M, Smith A J. Financial accounting information and corporate governance [J]. Journal of Accounting and Economics, 2001, 32 (1-3): 237-333.

[104] Bai Tao, Stephen Chen, Youzong Xu. Formal and informal influences of the state on OFDI of hybrid state-owned enterprises in China [J]. International Business Review, 2021, 30 (5): 101864.

[105] Bruton Garry D, et al. State-owned enterprises around the world as hybrid organizations [J]. Academy of Management Perspectives, 2015, 29 (1): 92-114.

[106] Bushman R M, Piotroski J D, Smith A J. Capital allocation and timely accounting recognition of economic losses [J]. Journal of Business Finance & Accounting, 2011, 38 (1 – 2): 1 – 33.

[107] Besharov M L, Smith W K. Multiple institutional logics in organizations: Explaining their varied nature and implications [J]. Academy of Management Review, 2014, 39 (3): 364 – 381.

[108] Caldwell Nigel D, Jens K Roehrich, Gerard George. Social value creation and relational coordination in public-Private collaborations [J]. Journal of Management Studies, 2017, 54 (6): 906 – 928.

[109] Cheung Zeerim, Eero Aalto, Pasi Nevalainen. Institutional logics and the internationalization of a state-owned enterprise: Evaluation of international venture opportunities by Telecom Finland 1987 – 1998 [J]. Journal of World Business, 2020, 55 (6): 101 – 140.

[110] Cuervo-Cazurra Alvaro, et al. Governments as owners: State-owned multinational companies [J]. Journal of International Business Studies, 2014, (45): 919 – 942.

[111] Eisenhardt K M, Graebner M. Theory building from cases: Opportunities and Challenges [J]. Academy of Management Journal, 2007, 50 (1): 25 – 32.

[112] Fama E F. Agency problems and the theory of the firm [J]. Journal of Political Economy, 1980, 88 (2): 288 – 307.

[113] Hogg M A, White T K M. A Tale of two theories: A critical comparison of identity theory with social identity theory [J]. Social Psychology Quarterly, 1995, 58 (4): 255 – 269.

[114] Keltner D, Gruenfeld D H, Anderson C. Power, approach, and inhibition [J]. Psychological Review, 2003, 110 (2): 265 – 284.

[115] Kreiner G E, Ashforth B E. Evidence toward an expanded model of organizational identification [J]. Journal of Organizational Behavior: The International Journal of Industrial, Occupational and Organizational Psychology and Behavior, 2004, 25 (1): 1 – 27.

[116] Leary M R, Tangney J P. Handbook of self and identity [M]. New York: Guilford Press, 2003.

[117] Leeuw M, Goossens M E J B, Linton S J, et al. The fear-avoidance model of musculoskeletal pain: Current state of scientific evidence [J]. Journal of Behavioral Medicine, 2007 (30): 77 – 94.

[118] Linton R. The study of man: An introduction [M]. New York: D. Appleton-Century Co., 1936.

[119] Pfeffer J, Salancik G R. The external control of organizations: A resource dependence perspective [M]. PALO Alto, CA: Stanford University Press, 2003.

[120] Rubin J Z B R Brown. The social psychology of bargaining and Negotiation [M]. New York: Academic Press, 1975.

[121] Schunk D H, Meece J L. Motivation in education: Theory, research and applications [M]. New Jersey: Merrill Prentice Hall, 2002.

[122] Selim H A, Long K M, Vignoles V L. Exploring identity motives in Twitter usage in Saudi Arabia and the UK [J]. Annual Review of Cybertherapy and Telemedicine, 2014: 128 – 132.

[123] Sherman D K, Hartson K A, Binning K R, Purdie-Vaughns V, Garcia J, Taborsky-Barba S, et al. Deflecting the trajectory and changing the narrative: How self-affirmation affects academic performance and motivation under identity threat [J]. Journal of Personality and Social Psychology, 2013, 104 (4): 591 – 618.

［124］Shnabel N, Purdie-Vaughns V, Cook J. E, Garcia J, Cohen G L. Demystifying values-affirmation interventions: Writing about social belonging is a key to buffering against identity threat ［J］. Personality and Social Psychology Bulletin, 2013, 39 (5): 663 –676.

［125］Stets J E, Burke P J. Identity theory and social identity theory ［J］. Social Psychology Quarterly, 2000, 63 (2): 224 –237.

［126］Stets J E, Harrod M M. Verification across multiple identities: The role of status ［J］. Social Psychology Quarterly, 2004 (67): 155 –171.

［127］Strauss A L, Corbin J M. Basics for qualitative research: Techniques and procedures for developing theory (Second edition) ［J］. Nursing and Health Care Perspectives, 1998 (19): 124 –131.

［128］Thompson J D. Organizations in action: Social science bases of administrative theory ［M］. New Brunswick, NJ: Transaction Publishers, 1967.

［129］Turker D. Measuring corporate social responsibility: A scale development study ［J］. Journal of Business Ethics, 2009, 85 (2): 411 –427.

［130］Vlgoles V L. Identity: Personal and social ［M］. In K Deaux, M Snyder (Eds.), Oxford handbook of personality and social psychology. New York, NY: Oxford University Press, 2017.

［131］Vlgoles V L, Regalia C, Manzi C, Golledge J, Scabini E. Beyond self-esteem: Influence of multiple motives on identity construction ［J］. Journal of Personality and Social Psychology, 2006, 90 (2): 308 –333.

［132］Vlgoles V L. Identity motives ［M］. In S J Schwartz, K Luyckx, V L, Handbook of identity theory and research. New York, NY: Springer, 2011.

［133］Vlgoles V L. Quantitative approaches to researching identity processes and motivational principles ［M］. In R Jaspal, G M Breakwell (Eds.), Identity process theory: Identity, social action and social change. Cambridge, UK: Cambridge University Press, 2014.

[134] Yin R. Case study research: Design and methods [J]. Journal of Advanced Nursing, 2010 (44): 108.

[135] Zhang J, Tucker H, Morrison A M, et al. Becoming a backpacker in China: A grounded theory approach to identity construction of backpackers [J]. Annals of Tourism Research, 2017, 64 (1): 114 – 125.

[136] Emerson R M. Power-dependence relations [J]. American Sociological Review, 1962, 27 (1): 31 – 41.

[137] Fama E F, Jensen M C. Separation of ownership and control [J]. The Journal of Law and Economics, 1983, 26 (2): 301 – 325.

[138] Galinsky A D, Gruenfeld D H, Magee J C. From power to action [J]. Journal of Personality and Social Psychology, 2003, 85 (3): 453 – 466.

[139] Greenwood Royston, et al. Institutional complexity and organizational responses [J]. Academy of Management Annals, 2011: 317 – 371.

[140] Guinote A. Behaviour variability and the situated focus theory of power [J]. European Review of Social Psychology, 2007 (18): 256 – 295.

[141] Kreiner G E, Hollensbe E C, Sheep M L. Where is the "me" among the "we"? Identity work and the search for optimal balance [J]. Academy of Management Journal, 2006, 49 (5): 1031 – 1057.

[142] Kusnadi Y, Yang Z, Zhou Y. Institutional development, state ownership and corporate cash holdings: Evidence from China [J]. Journal of Business Research, 2015, 68 (2): 351 – 359.

[143] Strauss A, Corbin J. L'analyse de données selon la grounded theory: Procédures de codages et critères d'évaluation [M]. France: La Découverte, 2003.

[144] Stryker S, Burke P J. The past, present, and future of an identity theory [J]. Social Psychology Quarterly, 2000, 63 (4): 284 – 297.

［145］ Stryker S. Symbolic interactionism: A social structural version ［J］. (No Title), 1980.

［146］ Tajfel H, Jahoda G, Nemeth C, et al. The devaluation by children of their own national and ethnic group: Two case studies ［J］. British Journal of Social and Clinical Psychology, 1972, 11 (3): 235 – 243.

［147］ Tajfel H, Turner J C, Austin W G, et al. An integrative theory of intergroup conflict ［J］. Organizational Identity: A reader, 1979, 56 (65): 5 – 16.

［148］ Tajfel H, Turner J C. The social identity theory of intergroup behavior ［J］. Social Psychology, 2003, 4 (1): 73 – 98.

［149］ Tajfel H. Individuals and groups in social psychology ［J］. British Journal of Social and Clinical Psychology, 1979, 18 (2): 183 – 190.

［150］ Tempelaar, Michiel P, Nicole A Rosenkranz. Switching hats: The effect of role transition on individual ambidexterity ［J］. Journal of Management, 2019: 1517 – 1539.

［151］ Thornton Patricia H, William Ocasio. Institutional logics ［J］. The Sage Handbook of Organizational Institutionalism, 2008: 99 – 128.

［152］ Thornton Patricia H, William Ocasio, Michael Lounsbury. The institutional logics perspective: A new approach to culture, structure and process ［H］. OUP Oxford, 2012.

后　记

当合上这本关于混改企业董事身份建构与角色行动的著作时，我不禁回想起这几年来的研究历程。从最初的问题意识萌芽到深入企业一线调研，再到理论框架的构建与修正，每一步都凝聚着对中国特色现代企业制度的思考与探索。

回首这段研究之旅，有几点感悟特别深刻。

首先，混改企业董事的角色远比我们想象的复杂。他们不仅要平衡国有资本与民营资本的利益诉求，还要在政府监管与市场化运营之间寻找平衡点。这种多重身份的交织使每一位董事都在进行着一场独特的"身份建构"实验。通过深入访谈，我惊讶地发现许多董事已经发展出了极其精妙的角色切换策略，这种实践智慧远远超出了现有理论的解释范畴。

其次，制度创新与个体能动性的互动构成了混改企业治理演进的核心动力。在研究过程中，我们看到了许多令人振奋的创新实践：有的企业通过"主动融入"化解了所有制冲突；有的企业引入了"强制同化"机制以平衡效率与控制。这些创新无不体现了董事们在制度框架内的主动探索与突破。

再者，混改企业董事的角色塑造是一个动态演进的过程。随着改革的深入，董事们的身份认知与行为模式也在不断调整。特别是年轻的董事，他们更多地将自己定位为"价值创造者"，而非单纯的"利益代表"。这种观念的转变正在悄然改变着企业治理的生态。

最后，我深感混改企业治理研究的重要性与紧迫性。作为连接国有经济与民营经济的桥梁，混改企业的成败直接关系到中国经济的转型升级。而董事作为企业治理的关键主体，其角色定位与行为选择更是值得我们持续关注与研究。

在写作本书的过程中，我深深体会到理论与实践相结合的重要性。每一个案例分析背后都是无数次的实地考察与反复讨论。每一个理论命题的提出都经过了严格的数据处理程序和分析验证。尽管如此，我依然深感这项研究的局限性，特别是在样本代表性和长期效应评估方面，还有很大的提升空间。

展望未来，混改企业治理领域还有诸多课题值得深入探讨。例如，数字化转型背景下董事角色的再定义、全球化背景下中国特色治理模式的输出，以及后疫情时代混改企业的风险治理等。我希望本书能为这些未来研究提供一些思路与启发。

最后，我要特别感谢那些慷慨分享经验的企业家们，是他们的洞见使这本书具有了鲜活的生命力。同时，也要感谢我的研究团队和家人的支持，是他们的付出让这项研究得以完成。

写下这些文字时，恰逢中国经济改革进入新的历史阶段。我衷心希望这本书能为混改实践提供些许参考，为相关政策制定提供一定依据，也为后续研究者提供新的思考角度。

张红芳

2025 年初春于西安